让 我 们 语文 一 起 追 寻

RYOMA-SHI
BY ISODA Michifumi
Copyright © 2010 ISODA Michifumi
All rights reserved.
Original Japanese edition published by Bungeishunju Ltd., in 2010.
Chinese (in Simplified character only) translation copyrights © 2019 reserved by Social Sciences Academic Press under the license granted by ISODA Michifumi, Japan
Chinese (in Simplified character only) translation rights arranged with Bungeishunju Ltd., Japan through Kodansha Beijing Culture LTD.

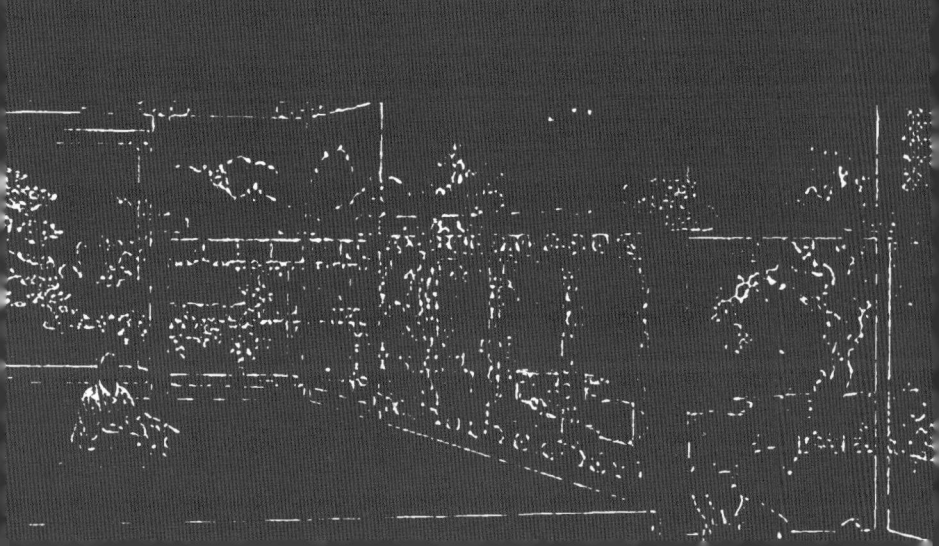

龍馬史

[日] 矶田道史 著

沈艺 译

明るくて合理的、自由で行動的。貿易を行い、戦争もする「海軍」として、亀山社中を創設し、薩長同盟を実現させた坂本龍馬は土佐藩で、どのように育まれたのか？どんな世界を見ていたのか？誰に暗殺されこうか？龍馬をめぐる数々の謎に歴史家の磯田道史が挑んだ。龍馬を

社会科学文献出版社
SOCIAL SCIENCES ACADEMIC PRESS (CHINA)

目　录

前　言　／1

第一章　亲笔书信中的龙马　／1

第二章　龙马的幕末人生　／25

　一　龙马不是一日就能成就的人物　／26

　二　龙马是如何成为龙马的　／36

　三　脱藩的战略准备　／46

　四　"龙马的海军"是如何创建的　／57

　五　为何龙马可以跨越"武士壁垒"？　／65

　六　龙马与英国支持倒幕的真正理由　／75

　七　为何萨长不结盟就无法倒幕？　／85

　八　不惜暗杀将军的龙马的思想　／96

第三章　龙马暗杀事件没有谜团　／106

一　新撰组黑幕说——事后马上遭到怀疑之人　／108

二　纪州藩黑幕说——更加具有动机的幕后之人　／110

三　土佐藩黑幕说——犯罪动机并不成立　／115

四　萨摩藩黑幕说——常常被人怀疑的集团　／120

五　幕府内的种种立场　／141

六　龙马死前的行动　／145

七　龙马的最后一天　／156

八　袭击者的回忆　／163

九　龙马暗杀事件的幕后黑手　／173

十　尾声　／181

后　记　／185

坂本龙马年谱　／187

解　说　／190

人名索引　／198

前　言

究竟是谁杀了坂本龙马？长期以来，这都是一个未解之谜。不过，随着史料发掘的逐渐深入，现在已经越来越能够锁定目标人物了。本书试图在严谨的史料爬梳的基础上，探究"暗杀龙马"这一事件背后的各种关系。

提及龙马的一生，那可谓是活生生的一部幕末史教科书。虽然幕末史很复杂，但若是以龙马为主人公来看幕末史，应该是能够形成清晰图像的。在这一过程中，我还想围绕暗杀龙马的"犯人"进行一些思考。

我很重视龙马曾经出现过的历史现场，希望能够依次对其进行考证与说明。

作为日本近世史的专业研究者，我一直在探求江户时代的社会状况，以及人们对于事物的思考方式。从这个立场出发，重新审视龙马和幕末这一时代，可以找到迄今为止的龙马传记中不曾有过的新发现，也能注意到关于龙马的通说中一些值得修正的地方。

如果从战后发展起来的社会经济史学和历史社会学的

龙马史

视角出发来解读龙马的一生，就会有一些令人恍然大悟的发现。首先，我想就以下问题开始思考：为什么在土佐国①的"下士"中会出现龙马这等人物？

---

① 日本古代令制国之一，属南海道，相当于今高知县。本书所有脚注均为译者注，后文不再特别说明。

第一章　亲笔书信中的龙马

有时候我会不经意地思考，为什么直到今日，坂本龙马的形象依旧如此生动地浮现在人们的眼前？那时，我正为了寻找古文书而周游日本各地，拜访往昔担任过庄屋①等职位的古老家族，请他们拿出深藏在仓库中的古文书让我看看，然后又前往下一户人家。就在这种不知何时结束的"寻史之旅"中，我思考着"龙马究竟所谓何人"的问题。

然而，就在某一天某个老房子的陈旧仓库中，这个问题的答案突然闪现在我的脑海中。据传这个家族是"真田幸村（信繁）②的子孙"，他们的古老庭院里生长着已有四百年历史的苍郁古树。在江户时代，这个家族代代都

---

① 江户时代的一村之长，主要是关西地区的叫法，在关东地区一般叫作"名主"。
② 战国末期的名将，在大坂之战中作战英勇，击退了德川军，与源义经、楠木正成并称为"三大末代悲剧英雄"。

龙马史

是庄屋；明治维新以后，其家主曾进入内务省工作，并担任过某县的县令。这个家族拥有丰富的书画、典籍、什器①藏品，尤其是挂轴书画中佳品甚多，而令人惊讶的是，长期以来下落不明的吉田松阴的亲笔书信等物竟然也出现在这里，被保存在被称为"二重箱"的木盒中。就在这个可谓宝库的仓库里，突然映入眼帘的是写有"坂本龙马先生书状"几个字的桐木盒。我兴奋地想着这或许是一大发现，于是向仓库管理员询问："是否方便让我看一看这个盒子里的东西？"即使是在平成时期②，这个家里仍然还有专人担任被叫作"藏番人"的仓库管理员一职，这不禁让人有点时空错乱的感觉。

我打开卷轴一看，里面果然是署名为"龙马"的书信。当时还是个学生的我，并不能判断这书信究竟是写本还是抄本；但我当时就非常明确地知道，书信的内容十分生动有趣。龙马这个人写的书信总是充满了跃动感和临场感，这才使得后世的小说家能够想象并再现其生时英姿。

龙马的魅力在历史小说和大河剧③中都有所体现，他被描绘为一个有血有肉的男子，有着普通人的气息。这些

---

① 指人们在日常生活中使用的各种器具，古称任器。
② 日本年号，在昭和之后，自天皇明仁即位的 1989 年 1 月 8 日至 2019 年 4 月 30 日。
③ 日本放送协会（NHK）自 1963 年开始每年制作一档的电视连续剧，主要以历史人物或某个时代为主题。

第一章　亲笔书信中的龙马

小说和电视剧之所以能够制作出这样的龙马形象，必然是因为现在留存的基础史料就充满了人情味。正是因为龙马写的书信是如此具有个性且十分有趣，他的人格魅力才能毫无保留地传诸后世，从而使龙马在今日具有如此之高的人气。所以我认为，要想了解龙马其人其事，必须首先从"龙马的书信"入手。

不读书信，难以言龙马

很少有历史人物能像龙马这般被今人不断论述，因此，关于龙马也有各种各样的说法，每个人心中都有各自不同的龙马形象。然而，现在的龙马形象是不是过于受到小说的影响了呢？只有抱着虚心坦诚的心态去阅读一手史料，即龙马亲笔所写的书信，才能够接近真正的龙马形象，但我发现至今这种知识性的工作还做得太少。我认为，作为探究历史的方法，仔细阅读历史人物本人所写之文字是第一位的。过去的人们强烈地意识到书信是可以留存于后世之物，在没有照片的时代，书信就是其人其事的纪念品。它并非读完后随手可弃的东西，而是被认为根据情况甚至可以装裱成卷轴供人鉴赏、公之于众的。因此，在前近代的书信中，也不时有一些信件故意写着客套话、谎言及希望留存于后世的史实。

不过，只有龙马的书信坦率得惊人，最贴切地展现了他当时的心情。前近代的人们惯于将情感和想法寄托于汉诗或和歌中，而其书信则大多平实淡然。然而，龙马却与众不同，他将情感与想法直接灌输到书信中，从这一点来看，他或许与近代的人更加类似。他在写给其姐坂本乙女和友人们的信件中吐露心声，也在书信中展现自己的思想。虽然龙马并未留下任何著述，但是其思想都通过书信留存下来。要想了解龙马的思想，就只能阅读其书信。龙马的性格是怎样的，龙马的女性观如何，以及龙马是武力倒幕主义者还是和平主义者，抑或是和战两者兼有考虑的？当我们仔细阅读了龙马的书信后，这些龙马的鲜活姿态就会逐渐清晰地展现在我们眼前。

下面我就从宫地佐一郎的《龙马的书信》（『龍馬の手紙』，講談社学术文庫）中收录的现存于世的一百三十九封书信中选取十五封，根据时间顺序依次讨论。我希望龙马的书信能够带我们走近龙马本人，因为只有通过亲笔书信，我们才能看到真实的龙马形象。

因执行黑船警备任务而得意洋洋

现存最早的龙马书信是他于嘉永六年（1853）九月二十三日写给老家父亲的。龙马从籍籍无名的青少年时期开始就留下了书信，想必是因为龙马的书信内容有趣，家人都将其完好无损地保存下来了吧。在龙马离开土佐

第一章 亲笔书信中的龙马

半年后,佩里①于六月乘船来到浦贺,江户正陷入外交危机之中。正在剑术修行途中的龙马因"临时御用"而成为土佐藩士的一员,被派遣去执行黑船警备任务,他因此洋洋得意。他写道:"异国船只既已前来,可知战事将近。届时将夺取异国人之首级后归国。"此时的龙马正处于孩童般鲁莽勇敢的阶段,只想着挥刀斩下异国人的首级,这体现了幕末朴素的攘夷主义。

虽然我们知道龙马有着"爱讲豪言壮语的性格",但由此可见,他在十九岁时就已经形成这样的性格了。他想要成就一番无人能及的大事业,并因此而向世人夸耀。这种性格贯穿他的一生,也体现在他的书信中,可见龙马是不折不扣的豪爽乐观之人。一方面,龙马胸无阴霾,痛快爽朗;但另一方面,根据龙马死后其友人的大多描述来看,龙马虽看似粗暴,却实则细腻优雅、善解人意。爽快与细腻并存,这或许就是龙马深受喜爱的原因吧。在此顺便提一下,龙马在这封信中还感谢家里送钱来,并写到"比起其他更有助益",也就是说,比起送一些没用的东西过来,送现金来是最好不过的了。从这一点来看,龙马与其父的关系和当代的父子关系非常相似。

---

① 佩里(Matthew Calbraith Perry,1794—1858),美国海军将领,因率领黑船打开锁国时期的日本国门而闻名于世。黑船指船身涂成黑色的蒸汽船。

龙马史

毫无根据但就是自信满满

龙马这个单纯的"攘夷少年"到了快三十岁时形成了自己比较稳固的思想。他在二十八岁那年脱藩①，时惟文久二年（1862）三月。在那一年，龙马遇见了他生命中非常重要的两个人——松平春岳和胜海舟。翌年文久三年（1863）三月二十日，龙马给其姐乙女写了一封在后世十分有名的书信，在这封信中他提到了胜海舟的事情。另外，他还在信中写道："运气不佳之人会仅仅因为出浴时擦伤了睾丸而死。"他居然堂而皇之地提到了"睾丸"这个词，真不愧是龙马！他轻而易举地将人们认为不可能的常识抛到九霄云外，这就是龙马之所以成为龙马的缘由所在。他接下来写道："而我这样的人呢，是运气上佳之人，往往能够死里逃生。"也就是说，他认为自己运气很好，即使想死也死不掉。这里就体现出龙马最大的长处，但这同时也是他的短处。他过于相信自己很幸运，所以唯独自己一人能够死里逃生。其结果就是，他一生中遭遇了无数次危险，虽然多次险象环生，但最后还是难逃一死。不过，经常毫无根据地确信自己不会死的这种自信心态不是龙马一人所

---

① 江户时期的武士脱离原本所属的藩（国或领地等），成为浪人，其言行不再听从主君的命令。

独有，而是很多活跃于幕末维新时期的人物所共有的特征。大久保利通、西乡隆盛、伊藤博文，他们都是自信满满之人。至于高杉晋作和大隈重信等人的自我意识则已膨胀到令人生厌的地步，简直可谓极端自负的化身了。没有自信的人是无法改变世界的，不管是夸大也好，毫无根据也罢，正因有了自信，这些人才得以改变日本这个国家。

不管怎样，龙马在这封书信中称赞胜海舟（麟太郎）是"日本第一人物"，并且为自己能够成为他的弟子而感到自豪。可以说，这封书信正是写成于脱藩后的龙马明确找到自己的人生道路的那个瞬间。龙马自十九岁来到江户以来，竭尽全力地学习剑术和炮术，最后终于邂逅了自己确信值得为其付出未来之物，那就是胜海舟教给他的"海军"。被海军之梦点燃的龙马宣称，四十岁之前没有回到土佐的打算。

顺便提及的是，虽然龙马在书信中写到"为了国家为了天下"而竭尽所能，但我们很难感觉到此时的他持有倒幕思想。说到文久年间，即使这一时期的事态没有发展到倒幕的程度，但反幕府运动的声势也已十分高涨，而龙马却相信日本的未来无论如何都在于海军，这一梦想在他追随胜海舟期间不断壮大。龙马准确理解了海军的本质：虽然一提到海军，就会立刻给人以使用大炮狂轰滥炸的印象，但这只不过是一种肤浅的理解，海军的另一大威

龙马史

力在于通过推进贸易为国家带来巨大的利益。在与胜海舟邂逅以后，龙马将"海军＝商船舰队＝富国强兵"这一远超当时日本人之认识的思想牢记于心。在这一阶段，龙马还期待着幕府能够进行海军军官的培训。此时的龙马或许还没有形成那种"今日就让日本焕然一新"的政治性或者说革命家般的思想。

这封书信的结尾再次展现了龙马的独特之处。龙马是个极为殷勤且喜欢向人炫耀的人，因此，不知是为了让更多的邻里乡亲知道自己成了"日本第一人物胜麟太郎"的弟子，还是为了让前面提到的"睾丸"的梗被更多人读到，他居然在结尾处写道，请将这封书信"在乙女和与您交往的人，以及其他让您放心的人之间传阅"。

与昔日的女友进行比较

在这一过程中，龙马认识了一位女性，她就是北辰一刀流千叶定吉道场的千金——千叶佐那。龙马此时正在这个道场学习剑术，他在文久三年（1863）八月十四日写给乙女的书信中详细介绍了佐那的情况：佐那以前与姐姐一样名为乙女，今年二十六岁，会骑马，善剑术，能使长刀，力胜寻常男子，等等。龙马一旦有了喜欢的女性，就会在给姐姐的信中事无巨细地汇报相关情况，因此我们今天可以很清楚地看到龙马的女性观——他喜欢强于男子且非常勇敢的女子，最好是话不太多，而且正如他写到的"擅演十三弦（琴）"那样时不时弹弹琴展现女性魅力的人。虽然这么多要求让人不免觉得他有点太厚脸皮了。

龙马甚至还将佐那与其初恋对象平井加尾进行容貌上的比较。他十分诚实地说佐那"在姿色身段上略胜平井"，最后还提到"她可以说是现在的平井"，即这位女性对于现在的龙马来说就如同当年让他痴迷的平井加尾一般。从这样的行文来看，龙马即使是对于坠入爱河的自己也分析得十分透彻，他的这种说法让人明白他对于这位女性只是一时的迷恋。或许龙马就是这样一个为了国家大事而四处奔走的男人，不会为了爱情而活着。在这一点上，木户孝允和久坂玄瑞有所不同，他们都是认真恋爱、认真革命的浪漫主义者；而龙马或许是因好奇心强且十分害羞，不会为了某一个女性而沉迷。

木户孝允的担心

纵观幕末史可知，庆应元年以前与庆应二年以后的时代发生了翻天覆地的变化。龙马的人生也在这一时期发生了巨变。我们姑且可以把龙马的人生分为四个阶段：第一阶段是土佐时期；第二阶段是他在江户修行剑术时期；第三阶段是他脱藩后与胜海舟相遇，顿悟海军之重要性，建

龙马史

致坂本乙女的书信，落款于文久三年三月二十日
（京都国立博物馆）

> 龙马的大部分书信都没有"前略"或"一笔启上"等开头的套话，而是突然就直奔主题。从这点可以看出龙马是不拘形式的实质主义者。另外，我们还可以发现，龙马本来在写信前就准备了长长的信纸，但往往还是因为纸不够用而在后面另添纸张。

立龟山社中①的时期；第四阶段也是最重要的阶段，是自庆应二年至龙马去世的最后两年。这最后两年是龙马最具革命热情之时，他不惜与幕府同归于尽，也要改变日本的体制。龙马刚好在进入第四阶段时写的书信就是庆应二年（1866）二月六日给木户孝允的书信。一月二十一日，所谓的"萨长同盟"②在龙马的居中斡旋下成立，两天后的夜晚，龙马与三吉慎藏两人在伏见寺田屋遭到伏见奉行所约百名捕役的袭击。这封书信就简单记叙了当时的情况。

---

① 龙马于1865年在长崎建立的贸易组织，在运送物资的同时进行海军训练，具有私人海军军队的性质，是海援队的前身。
② 幕末时期萨摩藩与长州藩之间缔结的政治、军事同盟。

第一章 亲笔书信中的龙马

龙马写道,"以高杉赠送之手枪回击,射中一人",描绘了激烈打斗的场景。收到信件的木户孝允在表示慰问的回信中写到自己听闻此事后感到刺骨的寒意,并从心底为其担忧,嘱咐他现在的世道不容大意,一定要小心谨慎。然而,龙马不顾木户孝允和同伴的担心,直到最后都过着一种毫无根据却自信满满且毫无防备的生活。本来,龙马最应该通知木户孝允的事情并不是他如何使用手枪与敌人大战,而是更重要的情报,即寺田屋内有关萨长同盟的文件很有可能落入了伏见奉行所即幕府手中。因此,他本应该在给木户孝允的书信中告知他有什么文件被幕府的伏见奉行所没收,从而落入敌手了,但在他给木户孝允的书信中丝毫看不见类似的内容。

在写了这封书信的一个月左右之后,也就是庆应二年三月,龙马又写了一封致"幕阁要人"(根据宫地佐一郎的推断)的书信。在这封书信中,龙马写道:"当时令人遗憾之事乃伏水(见)取得了浪人遗失之文件。"可见龙马从寺田屋死里逃生之时,被没收了重要文件,其中或许就有关于萨长同盟的文书,但也一起被幕府的伏见奉行所没收了。

无论如何,寺田屋事件发生在萨长同盟成立后的第三天绝不是偶然。即使在幕末时期,幕府对于国民的监视能力依然强大,这或许也是幕府唯一厉害的地方了吧。幕府

龙马史

确实看清了龙马的动向,知道他正试图将同为反幕府势力的萨长两藩联合起来。根据从寺田屋等事件中没收的资料,幕府内的有识之人认识到这个叫作龙马的可怕男子就是反幕府势力的粘合剂。这一点与其后龙马的命运休戚相关。

龙马被袭击的原因

另外还有一封同样有关寺田屋事件的书信,即落款为"庆应二年十二月四日致坂本权平等"的信件。这封信长度惊人,向龙马的家人汇报了寺田屋遇袭一事,并将其描述得犹如电影中战斗高潮场景一般。除了龙马,还没有其他任何从幕府的袭击中逃生的人在书信中如此详细地记叙了遇袭事件,这或许可以说是日本史上遭遇恐怖袭击的当事人留下的亲身体验记了吧。

非常有意思的是,这封信里写了"龙马被袭击的原因"。龙马告诉自己的家人,是幕府大目付[①]向伏见奉行所下达了杀害自己的命令:"坂本龙马虽不偷不抢,然其存在有损德川家之利益,必杀之而后快。其缘由乃(龙马)在幕府之敌长州萨州间居中往来。"

---

① 江户幕府及诸藩的职位之一,由多人担任,在职阶上属于老中之下,其职责类似检察官,监视大名、高家及朝廷,防止他们对幕府谋反。

第一章　亲笔书信中的龙马

暗杀龙马的幕后黑手到底是谁？目前仍然未有定论，而且时不时还有人提出"龙马想要放幕府一马，故受到阻碍的萨摩将其杀死"的观点。不过，总的来看，"龙马的存在有损德川家之利益"这一点或许就是他不得不死的理由吧。龙马本人也明确地认识到了这一点，并向其家人进行了说明。

更何况此时的龙马尚处于"在幕府之敌长州萨州间居中往来"的阶段，但在庆长三年秋冬季节，也就是龙马遇袭之前，他已经开始积极推动土佐与萨摩的结盟了。从幕府一方来看，龙马对于亲幕府的土佐都加强了攻势，再不能如此放任他自由活动了。因此，幕府走上了逮捕龙马，以至于将其杀害的道路。如果我们冷静客观地阅读龙马的书信，就不难发现这样的想法对幕府一方而言再自然不过。恐怕龙马自己在失去意识之前也认识到这就是自己遇害的原因吧。当然，对于这个结论并没有什么决定性的证据，只是我认为，龙马自己感受到的东西，也就是从龙马的书信中可以窥见的内容，或许令人意外且更加单纯地接近事实真相吧。

龙马的书信具有一个非常显著的特征，那就是他喜欢向家人毫无保留地讲述政治活动的内容和自己知道的各种内幕等。这封信就是典型的例子。我想龙马或许就是这样一个人，不把所思所想全部说出来心里就不舒服。这种爱

龙马史

聊天的性格与其遭到暗杀有极大的关系。因为他总是在书信中讲述自己现处何地在做何事，所以关于其藏身之所等信息很快就会泄露出去。

龙马之所以拥有超乎常人的向心力，能够成功进行多次大胆的周旋交涉，肯定在很大程度上是因为其光明正大、爽快明朗、毫不设防、坦率真实的性格。然而，一个人最大的优点往往也是其最大的缺点，最终也正是龙马的长处让自己丢了性命。

带插图的新婚旅行报告文学

下面要介绍的就是著名的坂本龙马记述与阿龙进行新婚旅行的书信（庆应二年十二月四日，致乙女）。这可谓是"日本的首次新婚旅行"。在这个时代公开带着女子旅行是十分罕见之事，会这样做的人除了龙马也就只有高杉晋作①了。

这封书信中照例事无巨细地描述了旅行的情况，而且还加入了插图，甚至描绘了雾岛山顶上高高耸立的天逆矛②。大概在这一时期，龙马对于阿龙十分喜爱，他在信中写

---

① 幕末时期的长州藩士，作为尊王攘夷的志士活跃在历史舞台之上。
② 日本中世神话中出现的矛，又称"金刚宝杵""天魔反戈"，据传琼琼杵尊在平定国家后为祈求国家安定而将此矛插在高千穗峰顶，现已成为宫崎县雾岛东神社的镇社之宝。

第一章　亲笔书信中的龙马

道："正因有此龙女，龙马之命才能得救。离开京都住所后，已向小松、西乡等人介绍，让其知道这是我妻。"

庆应二年十二月四日，致坂本乙女的书信
（京都国立博物馆）

当时也有其他人在书信中描绘图画，但龙马尤其突出。这或许体现了龙马的性格，他对于事物的理解不局限于语言和概念，还喜欢在视觉上直观具体地进行理解。

另外，龙马再次展现了自己的过分自信："我一到长州，就如另外的纸上所写的那样，出乎意料地受到军队委托，打了一仗，运气不错得以胜利，我自己也安然无恙。"这就是第二次长州征伐中的小仓口海战。在寺田屋得以幸存，在长州战争中也活了下来，自己不会死去，自己是不死之身——这样的意识越来越强，而龙马的警戒心越来越弱。这就是龙马在快到庆应三年时的

龙马史

状态。

另外值得特别说明的一点是，在这封书信中龙马评价西乡隆盛是出色的人物，他向姐姐乙女介绍了当时尚无名气的西乡隆盛："名为西乡之人"曾"被流放岛上长达七年"，即便如此，他对于京都局势的关注如同着魔一般，在佩里来航之时被当时的萨摩藩主岛津齐彬命令到水户的藤田东湖处学习。不愧是龙马，观察得细致入微。西乡隆盛曾与藤田东湖一起讨论过自己意欲实现的理想，而之后的明治维新就是以此为基础的。例如，广征政治意见的"言路洞开"和"人才登庸"等新政府的政策，都是西乡隆盛从藤田东湖那里学来的。可以说，西乡隆盛是将岛津齐彬和藤田东湖的思想在政策中实现的人。龙马很好地看到了这一点。

龙马对西乡隆盛的凝聚力也做出了说明。西乡隆盛的特点就是具有十分巨大的政治凝聚力。在西乡隆盛被放流到德之岛和冲永良部岛上坐牢的文久三年，萨英战争[①]爆发了。这样一来，萨摩藩内的人们认为领导战争之人非西乡隆盛不可："国中[②]一同怀念彼西乡吉之助[③]，尽快将其请出主持政事。"龙马又说："若国之进退不在此人，则

---

① 1863年8月，英国与日本萨摩藩在鹿儿岛发生的武力冲突。
② 指萨摩藩内。
③ 指西乡隆盛。

连一日也无法存续。"最后,龙马写道:"易怒易死之物不谓之人,人又非随便可杀之物。"意思是,即便是敌人,也不可简单随便将其杀掉。对于萨摩藩而言,西乡隆盛的确就是这样,放他一条生路,或许不知何时他就能发挥何种作用、做出何种大事。由此可以看出龙马思想中的一个方面,即他十分珍惜生命,这在那个时代的志士中是很罕见的。他虽然在战争中不惧牺牲,但决不会因一点小事就愤怒自杀,也不会随便杀人。龙马的这种想法非常明确,他看到西乡隆盛的生活状态,似乎强烈感受到人只有珍惜生命才可能成就大事。可见,龙马受到了西乡隆盛的强烈影响。

超越其姐乙女的理解

到了龙马生前的最后一年,即庆应三年,政治形势复杂难辨,龙马的政治活动也变得让其姐乙女越来越难以理解。龙马原本是土佐的乡士①,但他逐渐与土佐藩的上士们形成对立,进而脱藩,开始独立活动。龙马的同志武市半平太被后藤象二郎等上士掌控的政权所杀,对于乙女和其他乡士同伴而言,后藤象二郎等人就是藩内的"奸人

---

① 指江户时期拥有武士的身份但平时从事农业生产的人,属于武士阶级的下层。此时的武士阶级分为乡士、平士和上士,其中上士是身份最高的武士。在土佐藩,这种身份制度十分严格。

龙马史

官僚"（姦物役人）。

然而，龙马却突然向后藤象二郎靠近，作为海援队队长和担任土佐藩参政的后者一起工作。这是其姐乙女无法接受的，她告诉龙马："你被奸人官僚骗了。"龙马却在庆应三年（1867）六月二十四日致乙女和"おやべ"① 的书信中予以反驳："我一人引领五百人或七百人，为天下而引领二十四万石（土佐藩），此乃为了天下国家，恐怕在此等事务上难以顾及乙女之心情。"在这里，龙马使用了"引领"土佐藩这种说法，可见指导和引领土佐藩并将其作为自己政治活动的道具是龙马这一阶段的想法。

从文久到元治，是所谓的"脱藩浪士的时代"。倒幕运动是由脱藩聚集的浪士主导的运动，并不是以藩的武力为母体的。然而，文久三年（1863）天诛组在大和的集结失败，以及元治元年（1864）"蛤御门之变"的决定性败北，都让人们认识到仅凭聚集的浪士集团的武力难以打败幕府这一巨大组织，虽然这是理所应当的，但以上事件让人们的这一认识更加清晰。人们开始认识到，如果不将藩这种组织动员起来，不利用藩的武力，是不可能成功倒幕的。也就是说，直到进入庆应年间，他们才找到了正确

---

① 此人的具体身份尚有争论，有人认为是龙马的乳母，也有人认为是指龙马的侄女——坂本权平之女春猪。

的答案，龙马也是如此。他重新接近了自己一度脱离的土佐藩，并利用起它的武力来。这封书信中清晰地展现了志士们这种"现实化"的潮流。龙马还写道："当时若不是战前，我心不会如此着急……"由此可知，在庆应三年六月这个时间点，龙马已经预料到倒幕战争即将爆发的可能性，并努力将土佐藩二十四万石的武力推往对幕府开战的方向。

对于"和平主义者"论调的疑问

庆应三年夏，龙马究竟在头脑中是如何具体描绘倒幕战争的呢？唯一谈到此事的书信是龙马于庆应三年八月十四日写给长州藩的三吉慎藏的："想有朝一日与幕府开战之时，若将我藩、贵藩及土佐的军舰集结为一组进行海战，定能与幕府一决高下。"也就是说，如果不组成萨长土三藩的联合舰队进行战斗的话，是无法对抗幕府强大的海军力量的。当然，龙马设想自己也加入这个联合舰队，可以说他在这个时间点上已经有了与幕府两败俱伤、战死沙场的觉悟。虽然有些观点认为，无论如何龙马都是以在和平中实现王政复古为目标的"和平主义者"，但读了这封书信后可以明确知道，龙马这时正考虑与幕府进行武力对决。虽说龙马做了和战两手准备，但他的基本思想是与幕府难免一战。庆应二年夏，龙马曾在第二次长州战争中亲乘军舰打败幕府，并且明确放言要"埋葬将军家"。这句话就写在被宫地佐一郎推定为"庆应二年夏，致乙女"的信件中，龙马甚至写到"我决心近日参军，届时若是未能埋葬将军家，只得游玩外国"，也就是说，如果倒幕战争失败，没有成功杀死将军，那就只能亡命外国，暂且在海外游玩。龙马是很激进的："今我举事之时，可聚集如大和国①和野州②那班人马，其均为经历过五六次战争之人，以此哪怕与幕府一战，定可实现志向。"换言之，龙马认为倘若自己起兵倒幕，只要能动员诸如在大和国举兵的天诛组和在下野国反抗幕府的天狗党那样有过五六次作战经验的倒幕志士，便可一遂葬送将军家之志。

龙马迷恋的男人

庆应三年八月，龙马打算建成萨长土联合舰队与幕府开战，这从该月下旬写给土佐藩佐佐木高行的信件中可以得知。在这封书信中，龙马突然毫无前兆地写道："先前在战争中，我对西乡和大久保一往情深。"接下来，他描写了自己如何钟情于西乡隆盛和大久保忠宽（下文称大久保一翁）这两个男人的，他甚至写到，若

---

① 今奈良县。
② 即下野国，今栃木县。

第一章　亲笔书信中的龙马

自己战死,能得到西乡隆盛和大久保一翁二人亲手"祭上唯一一次的线香与花,则必定成佛"。可见在那个夏天,龙马打算拼命与幕府战斗。更重要的是,龙马此时十分迷恋西乡隆盛和大久保一翁。幕末乃至明治时期的志士当中,男人迷恋男人的那种情感远比对女人的感情更加强烈。我想龙马对于西乡隆盛的感情是他对于阿龙的感情无法比拟的,因为他希望自己在战争中牺牲时是西乡隆盛和大久保一翁为他祭上鲜花与线香,而非阿龙。这里还有一个重要之处需要注意,龙马倾慕的不是胜海舟,而是同为幕臣的大久保一翁。胜海舟是个毁誉参半的人,而大久保一翁拥有极高的人气和声望。到了明治时期,在旧幕臣跟随庆喜移居静冈之际,他们所依靠的就是大久保一翁。

现在想来,龙马具有一种特殊能力,能够在藩或者组织中找到那些别人对其言听计从的人,也就是在组织中成为"主轴"的人,并不断与这样的人进行交往。龙马首先确定组织中谁是"主轴",然后毫无顾虑地前去会面,与其来往,渐渐将其拉入自己的阵营。胜海舟、木户孝允、西乡隆盛和岩仓具视都是"主轴"一样的人物。龙马只是一介浪人,没有身份地位,却成就了幕末史上十分重要的事业,我认为就是这种与"主轴"人物交往的行动模式发挥了作用。

龙马史

人生最后的两个月

要想详细了解庆应三年九月龙马为准备对幕战争而有哪些行动，可以读一读他于九月二十日写给木户孝允的书信。有趣的是，他们将政治谋略称为"戏剧"，其中大阴谋被称为"大戏"。顺便提及的是，天皇在其中被称为"玉"。那么在这场戏剧中，龙马扮演的角色是什么？那就是"求购步枪一千，购入艺州蒸汽船，将其集中运回本国"，换言之，龙马负责的是海军的调动，以及武器的购买和运输。

在九月这一节点上，龙马武力倒幕的倾向已然明显。为了补充土佐藩步枪的不足，龙马擅自决定购入一千支步枪，将其运往土佐藩。我认为这种行为方式完全可以看出龙马已做好开战的准备。

虽说如此，但龙马对于大政奉还这样在政治上将幕府架空的计划也很专注。到了十月，他在十月十日写给后藤象二郎的信中写道：如果将江户的银座，也就是货币铸造的权力以及设备从幕府手中夺走，将其移至京都，那么将军一职就会成为有名无实的虚职。或许龙马认为没有什么比不流血就能胜利的方法更好的了。不过，他依然同时进行着运送枪械、就建立联合舰队一事进行磋商的工作，做好了随时赴死的心理准备。我想这就是这一时期的龙马形象。也有些观点认为,正因为龙马试图以大政奉还这样的形式谋求幕府的延续并有所行动,才招致萨摩出手将其抹杀,但至今并未发现相关史实依据。

后藤象二郎为了提出大政奉还的建言而前往二条城,对此龙马在十月十三日写给他的信中加入了鼓励的话,而且传达了十分悲壮的心情:如果建言不被采纳,那么就率领海援队伏击庆喜,"以报不共戴天之仇,无论成败,均与先生于黄泉下相见"。从这份书信就可以看出,对于幕府而言,龙马是一个无论做出什么事都不奇怪的危险人物。

我们还可以读一读龙马于十一月十一日写给林谦三(即安保清康)的书信,从中可以知道龙马不时前往永井玄蕃处与之相会,永井玄蕃是与胜海舟等人一样的开明派幕臣,并担任大目付一职。虽然龙马把永井玄蕃当作"心心相印"的伙伴,但既然他与幕府要人有所来往,那么幕府方面要知道龙马的藏身之所就很简单了。

在此前一个月,大政奉还已经实现,但龙马仍然写道:"天下之事危如累卵,其可怜之处一言难尽。"最后,他还写道:"无论修罗还是极乐,愿与君共赴。"其中"修罗"就是指连年战乱的人间,而"极乐"如字面意思一样,就是指死后的极乐世界。因此,龙马说的是无穷无尽的战争时代与极乐世界只能二选一,他已经认识到决战

龙马史

将近的事实，然后写道："大兄今且保重性命……"从这种笔触可以看出，龙马已经隐隐约约感觉到自己的性命堪忧，而且一语中的。四日后，龙马潜伏在近江屋时遭到刺客袭击，头部受到重创而亡。另外，这封书信的收件人林谦三在十六日天未亮时到访近江屋，亲临了凶案事发后的现场。

如上文这般阅读了龙马的亲笔书信后，意外地可以发现龙马不为人知的真实面貌。幕末明治时期留下了众多书简，但再没有如此活灵活现地描绘场景、让人捧腹大笑的书信了。龙马是日本史上写出了最有意思的书信的志士。如果仅仅是阅读司马辽太郎的《龙马风云录》（『竜馬がゆく』）就太可惜了；若是能结合龙马的亲笔书信来读的话，比起单独读两者中任何其一更能获得五六倍的乐趣。

第二章　龙马的幕末人生

在上一章，我们通过龙马的书信可以看出其本性，也从他本人亲笔所写的东西中探究了其人物形象和生活状态。因为这类书信留存下来，所以我们能够描绘出详细的龙马人生史，从学术角度而言，龙马是一个容易复原其生活史（life history）的人物。

然而，历史分为"小历史"和"大历史"。其中，所谓的个人史、微观史是"小历史"，而被称为社会史、宏观史的是"大历史"。龙马喜欢自己的姐姐，经常给她写信等，这是"小历史"；而从中探明幕末时期的社会特征和货币流通等，是"大历史"。

本书的研究不能仅仅停留在详细调查龙马个人的人生这一层面，接下来，让我们从更大的视角出发眺望一下坂本龙马的人生。在历史中询问"为什么"是很重要的。关于个人史，探究"为什么"这个问题，将其放到大的社会背景下考虑，就可以很好地了解世间之事。为什么龙马能够成就那样的事业？为什么龙马成长为那样的人物？将这些疑问放到当时的社会、经济背景下来考虑，可以看到很多东西。特别是龙马这个人物，他出身在土佐的一个乡士家庭，学习了海军的有关知识，从事的工作涵盖了从流通领域到军事领域，并且参与了幕末维新的重要过程。在这样的人生史中画一条"社会""经济"的辅助线，就可以很好地看到幕末时期的日本全景。

一　龙马不是一日就能成就的人物

坂本家的先祖

让幕末日本迎来大洗牌，为新时代揭开大幕的风云人物坂本龙马出生在天保六年（1835）十一月十五日。龙马出生的坂本家是从高知城下为数不多的富商才谷屋分家出来的乡士家庭。坂本家源自近江国（现滋贺县）的坂本，据传是明智氏的后裔。但说他们是明智氏的子孙有些奇怪，或许是与明智氏相关的人吧。他们从战国时代末期到江户时代初期移居到土佐国（现高知县），在长冈郡才谷村成为富农，后来又作为商人搬到了高知城下。

回溯坂本家的先祖，可以发现有趣的逸事。战国时代支配土佐的长宗我部氏的家臣丰永左兵卫的妻子是从大和国（现奈良县）逃亡而来的须藤加贺守的女儿，被称为"阿佳殿"（おかあ殿）。阿佳殿在逃往土佐的途中受到六个敌人的袭击，但她将其全部斩杀后逃脱。这位阿佳殿的妹妹嫁入坂本家，生儿育女，这就是龙马的祖先。因此，龙马家有猛女的血脉，龙马的姐姐乙女被称为"坂本家的仁王"，与阿佳殿的形象重合起来。

坂本家在坂本时是做什么的已不得而知，但他们肯定从上方①的都市居民处了解到了先进的农业技术和进行商业活动的方法。他们能够在当时的"边境"地区土佐成功地经营农业和商业，或许与此相关。坂本龙马就继承了这股血脉，组织建立了日本最初的商社——龟山社中。

高知的顶级豪商

移居土佐的坂本家在第四代八兵卫守之的时代进入了高知城下的上町，开始经营典当铺。其后，坂本家将业务扩展到酿酒业和吴服②业等，在宽文年间（1661～1673）成为高知城下屈指可数的豪商。

---

① 指京都及其附近一带。
② 江户时代的绢织物称为吴服，与此相对，麻棉织物称为太物。

龙马史

要评估才谷屋拥有多少资产很难，但可以说，他们具备与今天高知县的顶级银行相匹敌的实力。他们的店面宽约八九间（约 15～16 米），内深十间（约 18 米），是大土仓①结构。数栋酒库并列而立，据说其中有多达十人以上的佣人。

另外，龙马在写给家人的书信中曾提到自家的"茶座敷"。这个词的意思虽然根据地域有所不同，但通常是指茶室，也就是带有茶席的房间。如果真是茶室的话，那就十分奢华了。坂本家的住宅面积约有五百坪，这通常是五百石的上级藩士的武家宅邸的规模了。在土佐藩，能够住在这样的家里的武士有数十人，龙马就是出生在这样富有的家庭里。

豪商才谷屋在第六代八郎兵卫直益的时候购买了乡士株，直益的长子兼助直海分家后就形成了具有乡士身份的坂本家。兼助不喜欢家里的买卖，而是向往成为武士，故而其父为其购买了乡士株。乡士就是指一般住在农村的下级武士，根据藩和地域的不同，身份差别很大。虽然都是可称名带刀的武士，但实际上以富农和豪商居多，其中很多人比我们想象的要富裕。

---

① 日本传统的建筑样式，是为了防范盗贼或火灾而将四面用土涂抹、加固的仓库。

第二章 龙马的幕末人生

乡士与上士的对立

庆长五年（1600）的关原合战后，山内一丰作为新的藩主入驻封地土佐，但至此为止领有土佐的长宗我部氏的旧臣们还留在了这里。他们多是被称为"一领具足"的半农半兵的武装农民，很容易造成藩政的不稳定，因此土佐藩将其编为乡士，从而纳入藩的组织结构。

与此相对，跟随山内家进入土佐的藩士们则成为上士的中心，地位在乡士之上。在土佐，上士与乡士（下士）之间的身份之别十分严格，乡士受到的差别待遇也很明确，因此，土佐藩乡士与上士之间的对立比其他藩要更加激烈。

然而，这并不意味着乡士就一定是贫困的。就坂本家而言，在坂本兼助振兴坂本家并分家的时候留下了《财产分配让渡状》的记录。根据这份记录，兼助继承了百贯银中的 32.3%，换算成现代的货币则有数亿日元之多。

除此之外，据说坂本家拥有的土地上每年收起来的租税（加持子米）有四十两（约合一千两百万日元），故而龙马出生的家庭肯定是相当富裕的。即便拥有如此多资产的家庭也希望放弃从商、成为武士，这正是日本身份社会令人不可思议之处。

龙马史

坂本龙马

虽说江户时代是严格的身份社会,但其实武士之外的人要想成为"最下层的武士"也是十分常见的。商人或富农想要成为乡士有两种途径:一种是成为乡士的养子;另一种是向藩里献上御用金、购买乡士株,以此成为乡士的人被称作献金乡士。龙马家或许就近似于后者。

龙马确实是出身于乡士家庭,受到与上士不同的差别对待,但他同时也属于不缺钱的富裕阶层。虽然其后土佐藩的很多乡士都将对这种差别境遇的不满宣泄到尊王攘夷运动中,出现了结成土佐勤王党等动向,但龙马的同志当中也有大地主出身的乡士。换言之,乡士并不一定意味着就是穷人。

第二章 龙马的幕末人生

明治维新的支柱——既非武士又非农民的人

在教科书上,江户时代是兵农分离已然完成的时代,然而事实上严格执行兵农分离的地域和并未如此的地域之间的差别悬殊。兵农分离在冈山藩、金泽藩、广岛藩和名古屋藩等地的进展很快。这些织丰系大名,即原来织田信长和丰臣秀吉的家臣们在安土桃山时代以后移居到现在的居住地,占据了日本列岛的中部,在这些大名的藩内,兵农之间的界限是相对比较清晰的。

与此相对,土佐和长州仍有很多乡士,这一状态离学校教科书上所说的兵农分离的社会还很远。另外,九州南部地区也有很多乡士,熊本藩、人吉藩、萨摩藩、佐贺藩等可以说是乡士遍野。比起城下的武士而言,既非武士又非农民的乡士数量更多,他们身在农村,腰间佩刀。在萨摩藩等地甚至还有从事渔业的乡士,他们一边将刀夹在腋下,一边撒网捕鱼。除此之外,在东北地区也有很多遍布乡士的藩,如仙台藩、相马藩等。

如果从这一点出发考察历史,就不难发现一件很有意思的事。首先,在日后成为明治维新原动力的西南雄藩都具有兵农未分离的显著倾向。这不禁让人思考,或许正是因为他们没有贯彻兵农分离,所以才发起了明治维新。其次,在戊辰战争中抵抗新政府军的东北诸藩也是有乡士很多的藩。如果进一步看，在维新以后发生了所谓士族叛乱的地域也是如此。

兵农分离后生活在城下的武士大多老老实实地遵从了明治政府的方针，但没有兵农分离、依旧自己经营土地的乡士们进行了激烈的抵抗。我认为其背景还是因为他们具有危机意识，担心革命会使自己丧失特权和土地经营权。

从戊辰战争到士族叛乱，在明治维新前后的战乱中，乡士都十分活跃。革命的能量就是从这些具有乡士阶层的藩中不断涌现出来的。

坂本家成为乡士的好处

坂本龙马是担当了这个时代变革大业的出身乡士的志士，几可谓是其象征性的存在。虽是乡士，却很富有。然而，无论是多么富有的人，在社会礼仪方面，面对武士也是绝对抬不起头的。要想洗清这种屈辱，唯有自己也成为武士，仅仅有钱是难以满足的。这种想要武士名誉的心情或许非现代人所能理解，但对于当时的日本人，尤其是非武士阶层的人来讲是十分强烈的。这一点也十分有意思。

不过，从上士的立场来看又是如何呢？就拿坂本家来说，明明没有受人委托，自己却甘愿花钱买个乡士来当。上士诚然是看不起乡士的，因为乡士不能公开穿着绢织物，在路上遇到上士也必须下跪行礼。然而，这种身份不就是像坂本家这样新提拔的乡士心甘情愿想要的吗？或许上士们就是以上这样的心态吧。

那么对于坂本家的本家才谷屋来说又怎么样呢？我认为分家成为武士这件事对于本家才谷屋而言也是有利的。江户时代的很多武士都曾向富裕的商家借钱，虽然债主比负债人更为强势是理所应当的，但如果对方是武士的话，债主就很难催债了。当时的借款利息与现代相比是很高的，但如果将钱借给武士，当其没有能力偿还时，事实上债主也不可能取得武士用作借贷担保的领地。

才谷屋在第九代，也就是与龙马大体同期的时候，放弃了酿酒业，开始将以武士为对象的借贷作为中心业务。此时，分家即亲戚哪怕是下级武士，这一事实或许也能大大增加社会信用。对于想要逃债的武士来说，才谷屋有可能以各种各样的形式施加压力。我认为，恐怕对于本家才谷屋而言，分家成为乡士一事是可以带来利益的。

成为富国强兵资金源的"物产流转"

江户时代中期以降，日本全国诸藩几乎毫无例外地面临财政危机。很多藩都通过推行特产的专卖制等灵活利用丰富的资源，推进殖产兴业，试图应对财政危机。

在幕末时期，一方面有成功利用专卖制增强国力的藩，另一方面也有无论怎样也无法成功的藩。在靠近江户

龙马史

和大坂这样的大都市、大消费地的藩，因为商业资本发达，民间的商人擅自进行交易，藩很难推进专卖制并以此垄断交易，因而难以实现富国强兵。纪州藩等地虽然物产丰富，但因为邻近坂神都市圈，所以最终没能成功推行专卖制。

另一方面，如土佐等"边境"地区的藩，由于与江户和大坂等大城市之间有一定距离，能够避免被卷入大都市圈的经济影响，将主导权紧握在自己手中。另外，这些藩拥有丰富的自然资源，如木材、樟脑、蜡的原材料木蜡树，以及土佐和纸等，他们将这些物产用船运输到大都市使其商品化。

率先以这种成功尝试闻名的是熊本藩。在熊本生产的肥后米具有非常高的商品价值，因而该藩将其作为年贡米进行严格精确的筛查，再将其高价出售到大坂市场上。另一方面，熊本藩又从其他地方购买便宜的大米，使其在领内流通。也就是说，该藩对大米的商品流通进行管理并从中获利，像大米商社那样进行经营。

很多藩都学习了熊本藩的成功经验，其中最为成功的或许要属萨摩藩了。萨摩藩拥有南方热带海域的岛屿，因此可以垄断销售其他藩无法入手的砂糖。

这种通过贸易和流通赚钱的途径在当时被称作"物产流转"。然而，在江户时代的武士的基本经济观念里有一种所谓的"贵谷贱金"的意识,即重视谷物,把金钱看作卑贱之物。因此,无论坂本家是多么有钱的富裕人家,还是不得不受到贬低;龙马也是这样,无论其家庭多么富有,他在武家社会里还是会被轻视。

而另一方面,事实上,到才谷屋来借钱的武士为了掩人耳目而从后门进入,低三下四地求人借钱。才谷屋虽然殷勤地接待这些武士,但或许在心里面把那些还不起债的武士当成笨蛋吧。这就是武士的权威与其经济现实极不匹配的状况。

"物产流转"催生了龙马

事实上,很多藩如果不仿照商社进行"物产流转"的话,藩政就无法维持。

在商品流通方面获得经济成功的西南雄藩在实际操作中为使交易成立,会任用武士以外的人来运营这种"物产流转"。当然武士也会参与其中,但藩的商业交易还是交与御用商人这样的代理商来进行的。

在这样的藩里,就有龙马这样的人物钻空子的余地,因而他接受了藩提供的工作,即组成海援队为土佐藩运输物品和武器。换言之,在进行"物产流转"的土佐藩中产生了龙马这样的人物并非偶然。

由于出身豪商家庭,龙马在面对武士时不会有不必要的胆怯，而且对商业交易和金钱也不避讳。我认为，正因如此，龙马才能够组建起海援队，谋求以商品流通为基础的富国强兵。

生于才谷屋这一"谜之豪商"的家庭，毋庸置疑地对于坂本龙马这位孤胆英雄其后的活跃有不可估量的巨大影响。

二 龙马是如何成为龙马的

江户的土佐藩邸的情况

坂本龙马的人生在十九岁那年迎来了巨大的转折点。嘉永六年（1853），龙马前往江户进行剑术修行，跟随千叶定吉在其开设的千叶道场学习。定吉的兄长是有名的剑客千叶周作，恐怕弟弟定吉也是相当厉害的剑术家吧。

来到江户的龙马寄宿在土佐藩邸，不过事实上土佐藩在江户的房产不止一处。大名的江户宅邸分为上宅、中宅和下宅，除此之外，有些藩还有储备大米等物资的仓库。上宅是大名家的本宅，是藩主居住的地方。因为是本宅，故而有庭院等设施，还有供留在江户的上级藩士居住的长屋。

上宅大多邻近江户城门，可以看作藩主和家老办公的政厅，也就是说带有强烈的办事处色彩。

根据不同藩的情况，中宅和下宅可能有多处。中宅供隐居后的前藩主或藩主家人居住。下宅多在稍微远离江户城中心的郊外，其地位类似于大名的别墅。在江户，除了有固定在这里任职的藩士，还有跟随参勤交替①的藩主来到江户轮班的藩士，因此，他们在滞留江户期间都住在中宅或下宅的长屋里，特别是下宅，带有强烈的官员宿舍色彩。

如果是外样大藩②，那么固定在江户任职的藩士人数就会颇为可观。因为必须调配及储存粮食和生活物资，所以这些藩都倾向于将中宅和下宅设置在交通便利之处，尤其是方便利用船运运输物资的海边或运河附近。

就拿土佐藩来说，其上宅位于江户城的锻冶桥附近，也就是今东京国际论坛一带。中宅位于筑地，即今东京中央区市政厅所在地。下宅不止一处，均在品川地区的立会川附近，相当于今滨川中学一带。

在江户切身体会到的身份制度

来到江户的龙马首先应前往上宅报到，但因为他终究

---

① 江户幕府统制大名的一种政治制度，原则上以两年为一个周期，大名一年在江户生活和工作，另一年在领地。
② 指外样大名领有的藩，外样大名是江户时代大名的一种类别，指在关原之战后才归属德川氏的大名。

龙马史

只是乡士的次子,之后应该是住在筑地的中宅里。龙马在江户完成了长达十五个月的修行后暂时回到了土佐,两年后再次前往江户修行。我们可以确定的是,在这第二次江户修行期间,龙马与一位同乡友人和一位叫武市半平太的亲戚同住在中宅的一个房间里。

我认为在藩邸的这段生活对龙马有十分重大的影响,虽然这一点到目前为止还没有人论及。正如上文提及的那样,龙马在家乡时是一位生活在五百坪的大豪宅里的有钱少爷,但在江户的藩邸,藩士们肯定不得不蜷缩在拥挤狭窄的房间里。在藩邸里,房间的分配,也就是每个人占有的房间面积,是严格按照身份来决定的。一名足轻[①]只能占有一块榻榻米的面积,而上级家臣却可以享受单间的待遇,这就是藩邸生活的现实。

即便龙马在土佐时住的是与上级武士相同的住宅,但在藩邸里,他终究只能受到与乡士身份相符的待遇。作为乡士之子,而且是不能继承家业的次子,别说是单间了,龙马能够拥有的估计也就只有大房间内几块榻榻米的面积而已。

换言之,藩邸生活让龙马首次目睹了土佐身份制度或者说武士社会身份制度的严苛冷酷之处。对于这种身份制

---

① 中世以后的一种下级武士,平时承担杂务,战时成为步兵。

度的不合理之处，龙马恐怕感到十分憋屈，或许还很愤怒。这绝对是对于其后龙马人格的塑造不可忽视的一段体验。

为何外出修行剑术？

龙马前往江户的目的是修行剑术。为何要进行剑术修行呢？这一点有很大意义。虽说江户时代是身份社会，但这种身份的壁垒也不是说完全无法逾越的，还是有一些空子可钻，其中一个就是掌握"艺术"。所谓"艺术"在现在是指美术等，但在当时是指剑术和医术等优秀的技艺。以"艺术"修身者就会有受到登庸的途径。

例如，医术高超之人如果顺利的话可以成为替将军把脉的御典医，有可能获得高额收入和与大名匹敌的官位。掌握剑术也会成为受到登庸的契机。虽然成为医师很难拥有政治上的发言权，但修行剑术之人如果能够获得较高的声誉，有时是很容易获得政治话语权的。

常言道，太平之世，武士道废。然而，就算只是在名目上，武士学习剑术在整个江户时代都是很重要的，要想成为受人尊重的优秀武士，就必须学习剑术。

到了幕末时期，剑术愈加兴盛。进入江户时代后期，无论是幕府还是各藩，由于职位的世袭制长期存续，武家社会内的闭塞感越发强烈。作为打破这种闭塞感的一个风口，人们对于文武之才的期待高涨。更进一步来说，临近

龙马史

幕末时，在佩里来航之前就有目击到外国船的消息引起了社会的骚动，人们对外的危机意识也越发强烈。这种危机感推动人们再次聚焦于"武威"这一武士存在的重要理由，在这些诸多要素的共同作用下，幕末时期产生了剑术热潮。

幕末的三大剑术道场都在江户，它们就是被称为"位之桃井"的桃井春藏的士学馆，被叫作"技之千叶"的千叶周作的玄武馆，以及被誉为"力之斋藤"的斋藤弥九郎的练兵馆。长州的桂小五郎等人就是在这个练兵馆学习剑术的，并且以出众的剑术而闻名。桂小五郎原本也出生在医师之家，在金钱上没有顾虑，但要想在政治上能够发言，或者向藩政反映自己的意见，还是必须以剑术扬名，作为优秀的武士得到大众的认可才行。

另外，所谓道场，终究是以剑术的提高为目的的场所，因此基本上是贯彻能力与实力至上主义的世界。不管是上士还是乡士，都在为了出人头地而培养必要的素养，专注于剑术。恐怕在龙马受教的千叶定吉道场里，也有很多像他和桂小五郎这样，为了开辟通往荣华富贵和飞黄腾达的道路而全力练习剑术的年轻人吧。

剑术热潮的实况

江户时代的武士获得认可的方法，除了剑术之外还有

第二章　龙马的幕末人生

学问。这里所说的学问是指阅读汉文、写作汉诗、通晓中国古代经典和日本历史等，掌握以上这些就能获得认可。

身为乡士次子的龙马要想作为武士扬名立万，有剑术和学问两种方法。就目前来看，很难说龙马具有汉学的素养，但他拥有强健体格这一"特长"。这既有遗传的因素，也因为龙马生于富人家庭，优质的饮食让其体格壮硕。那么，不擅长学问的龙马选择剑术也就是理所当然的了。

龙马的前辈，也就是后来组织了土佐勤王党的武市半平太等人，在剑术和学问两方面都十分优秀。武市半平太的家庭是被称作"白札"的乡士上层阶级，但仍然是受上士蔑视的身份。然而，他因能力出众而被藩认可，从而出人头地，简直可以说是乡士中的明星人物。

就算龙马无法取得武市半平太那样的成就，但如果能掌握剑术，在系出江户三大道场之一的玄武馆（千叶道场）的有名道场学习的话，他在回到土佐以后也能大大地提高名气——或许龙马的父亲八平就是这样考虑的吧。也就是说，龙马为了镀金后回到土佐，必须前往江户进行剑术修行。虽然下面的都只是我的想象，但或许八平想让无法继承家业的次子龙马先通过剑术提高名声，顺利的话再利用金钱将其送到上层武士家里做养子吧。

对于没有后继者的上士家庭来说，如果是以剑术获得

龙马史

认可之人，也不是不可能堂堂正正地将其纳为养子的，但如果只是有钱人家的孩子，将其收为养子会使自家在外的名声上有损。

无论是在幕府还是在藩里，武士的世界分为两大类——番方和役方。番方是指统领警备和军队的武官系统，其管理职位属于只供上士就任的世袭职位。另一方面，役方是指负责算账、记账等事务的文官系统，被视为比番方低一级，其中管理财务的会计等就是具有代表性的役方。役方系统相对来说很流行登庸人才，因而龙马这样的乡士也可以担任。然而，如果想要进入番方的世界，就必须要有作为武士的突出能力和实力，比如在剑术上要获得"免许皆传"[①] 等。

从这一方面的意义来说，坂本家的人也十分期待龙马能够剑术有成、扬名立万、荣归土佐吧。

顺便提及一句，幕末时期的剑术热潮并不止出现在武士阶层。出身于经济富裕的豪商或富农家庭的人，也开始进入街坊中的道场学习。因为道场在一定程度上秉承能力主义，是一个相对平等的世界，所以他们能够大展身手。众所周知，新撰组的土方岁三就是多摩地区的富农出身。

然而，这种风潮对于武士来说是十分不利的。如果在

[①] 指师父将武术或技艺等的秘技毫无保留地传授给弟子。

道场被农民打败，那么武士作为支配阶层的权威就会有损。因此，也有不少藩禁止农民和市民在道场学习剑术。

进一步说，到了幕末时期，长州藩与朝廷接近的这一事实也产生了影响，公家①中也有人开始像武士一样行事，甚至开始学习剑术。这对于统御公家的朝廷和幕府来说都是很棘手的现象。对于以武威、武力为担保而接受委任的武家政权来讲，这种"公家的武士化"会动摇自身的存在意义，是生死攸关的事态。后来，朝廷根据幕府的意思禁止了公家的剑术修行。

以上这些都是幕末这一时期独有的现象，即剑术这种在某种程度上已落后于时代的事物出人意料地站到了聚光灯下。龙马就在这样的时代背景下，为了自己的将来和家族的期待，选择了剑术作为一条活路。

与"异国"紧密相连的两条途径

龙马首次前往江户的嘉永六年（1853），对于江户甚至日本全国来讲，都是有无可比拟的重要意义的一年。龙马于三月十七日从土佐出发，大概在三月底四月初到达江户。在这之后不到三个月的当年六月，佩里的舰队就来到

---

① 出仕朝廷的贵族，一般指与武家相对的朝臣。

龙马史

了浦贺①。

不用说，幕府自然围绕应对此事的对策产生了动摇，除此之外，不仅龙马所在的土佐藩邸，其他诸藩的藩邸内也发生了巨大的骚动。因为大名家的上宅和中宅大多位于邻近江户湾的地方，那里还住着夫人和小姐等大名的家人，所以人们的危机感极度高涨，他们担心自己会受到黑船的炮击，会在外国人上岸后首当其冲。

在这样的混乱中，还有一个人也前往了江户，他就是土佐的中滨万次郎。万次郎原本是土佐的渔夫，在海上漂流时获得了美国捕鲸船的帮助，曾前往美国接受过先进文明的洗礼。他在二十五岁，也就是嘉永四年（1851）时终于归国，但接受了萨摩藩和幕府长崎奉行所的调查，在两年后的嘉永六年才回到土佐。就在这一时期，土佐的画师河田小龙与万次郎有所接触，根据从他那里听到的关于美国的事情写作了带有插图的《漂巽纪略》（『漂巽紀略』），其后龙马与河田小龙也有交流。

受到黑船来航的冲击，幕府的态度动摇，对万次郎这位在美国有所见闻并在那里接受过教育的唯一的美国通产生了极大的兴趣，将其叫到了江户。万次郎于八月一日从土佐出发，三十日到达江户。

---

① 在今神奈川县横须贺市境内。

第二章　龙马的幕末人生

当时的老中阿部正弘马上接见了万次郎，与他就美国的实情进行了谈话。不仅是阿部正弘，其他各种各样的名士都要求与万次郎进行会面。当时担任伊豆国①韮山代官的江川太郎左卫门（英龙）是江户知识分子的代表，被认为是与外国进行交涉的不二人选。以川江太郎左卫门为首，包括德川御三家②中水户的德川齐昭及其家臣——水户学的泰斗藤田东湖，以及担任外国奉行的川路圣谟等如同璀璨明星般的人物，全都纷纷前来与万次郎会面。

住在土佐藩中宅里的龙马应该也听到了万次郎的传言。我不认为只是一介藩士的龙马在这个阶段能够见到万次郎。不过，目睹了从美国回来的万次郎在江户受到万众瞩目的景象，龙马也许深刻地体会到了解外国的事情是多么厉害的一件事。

就任江户警护的龙马

在佩里来航之际，幕府命令诸藩沿岸部署警备。土佐藩在离品川下宅很近的地方修筑了滨川炮台，在此针对黑船进行警备。滞留在江户的藩士都受到了动员，故而龙马似乎也在此执行警备任务。身在品川的龙马恐怕并未亲眼

---

① 今静冈县伊豆半岛、东京都伊豆诸岛。
② 德川氏中地位仅次于将军本家的三股旁系，分别为尾张（名古屋）、纪州（和歌山）、水户三藩。

看到浦贺的黑船，但从首次接触外国的威胁、切身感受其实力这一方面来看，这次体验具有非常重大的意义。

龙马在此时写给故乡家人的书信里表现了自己十分勇猛的性格："若黑船再来，定取异人首级而归。"黑船来航就如同一份引爆剂，令幕末时期的日本完全为必须攻打并驱除异国人的"攘夷"思想所倾倒。可以说这场运动仿佛一场时代的热病，以惊人的速度和激烈程度蔓延到日本的各个角落。龙马在书信中所说的话，完全是对攘夷思想的表面模仿，至于斩杀异人这件事究竟有无可能实现则不得而知。

但是，得知万次郎这般人物的存在，以及参加针对黑船的警备动员，这两次体验促使龙马获得了在与外国的关系中观察土佐乃至整个日本的视角。

这些宝贵的体验塑造了龙马的思想支柱，使他成为被后世认为是推动了明治维新的人物。

三　脱藩的战略准备

海运立国的思想

完成了江户游学的龙马于安政元年（1854）六月二十三日结束了剑术修行，回到土佐。龙马在江户感受到了身份制度的现实，受到了佩里来航的冲击，并且虽然是片

第二章 龙马的幕末人生

段式的但也接触到了外国（具体来说是美国）的消息。为了进一步了解中滨万次郎带回的关于美国的信息，龙马在回到土佐后拜访了河田小龙，后者就是听闻并记录了中滨万次郎经历的画师。

河田小龙所开的私塾与龙马家相距并不远，所以或许他们以前就认识。小龙具体对龙马说了什么、教了他什么，我们已不得而知，但从万次郎向德川齐昭和藤田东湖讲述的内容来看，他不仅宣讲了美国的发达文明，也介绍了美国的政治体制和社会制度。例如，美国总统通过选举产生，如果有人气最多可以连任八年，但退休后什么生活保障都没有，等等。或许龙马也从河田小龙那里了解到了这些知识吧。

沿着龙马与河田小龙相识这条线索来看，在河田的私塾里，龙马还结交了长冈谦吉和近藤长次郎，这二人后来都成为龙马在龟山社中和海援队的同志，这对于龙马来说也具有重大意义。顺便提及一句，关于万次郎讲述的海外信息，土佐藩的参政吉田东洋也有所记载，藩主山内容堂通过他也得知了这些消息。

我认为，龙马从河田小龙那里学到的最为重要的东西恐怕是海军的存在与船的重要性。其后，龙马与胜海舟相识并拜入其门下，因而得以参与创建日本最初的海军，恐怕在这个阶段，他就已经在一定程度上意识到日本如果想要与诸外国为伍，船无论如何都是很重要的。

在这里要顺便提一下，从以上这件事的来龙去脉可以看出龙马的两个侧面。其一，龙马具有果敢地亲自进行实践的实践家风格。他想要知道海外的事情，就首先前往河田小龙处进行了解。其二，龙马具有因应周围环境而改变思想的灵活性。正如上文既述，龙马前往江户本是为了学习剑术，从而作为武士被人认可。然而，当其回到土佐后，无论是作为剑术家生存下去还是利用自己的技艺成为上士的养子，这些事都已不在龙马的考虑范围内了。

或许可以说，龙马的这种两面性是他这一介藩士或者说一介浪士得以成为推动时代进程的原动力的重大要因。

其后，龙马于安政三年（1856）八月再次前往江户游学，安政五年（1858）九月回到土佐。

身份社会的封闭感与尊王攘夷的联系

当时的土佐与其他西南雄藩一样被尊王攘夷的思想席卷。另外，"草莽崛起"这一词语也体现了那个时代的特点。所谓"草莽"，原本指草丛或民间等，后来转而指代在民间或是在野的人士。"崛起"是站起来的意思，因此，"草莽崛起"的意思是在野之人站到了时代的最前沿。虽然像这样具有时代象征意义的语言和思想在这一时期同时且自发地出现在很多人身上，不过在其中发挥了重要作用的人是长州的吉田松阴,他将这种思想提炼出来并使其激进化。

吉田松阴认为,要想从诸外国的侵略中守卫日本的国土,实施攻击驱赶外国人的"攘夷",就不能依靠幕府和藩这些既有的系统。他主张,草莽必须要超越藩和幕府的组织框架,直接与天皇联结起来。这就是"尊王攘夷"和"草莽崛起"的意义。

这种思想可以从幕末时期回溯到六七十年以前的江户时代后期,其根源是尊王思想家高山彦九郎。这种思想与倡导了解古代优秀日本文化的国学热潮相联系,广泛传播到日本全国各地。

所谓尊王思想,非常粗略地来说,就是主张天皇之下无论是将军、大名还是庶民都应平起平坐。可以说,这一点是该思想在江户中期以降被拥有经济实力的庄屋、乡士和豪商等广泛接受的要因,这些人虽然拥有经济实力,但在身份社会的秩序之下依然被人轻视,他们的不满积累在这一点上。

安政七年(1860),当时的大老井伊直弼在光天化日之下被刺杀,刺杀者是以水户藩为中心的脱藩浪士,这件事在历史上被称作"樱田门外之变",可谓是幕末日本发生的恐怖主义活动的前驱。井伊直弼尚未获得孝明天皇的敕许就缔结了《日美修好通商条约》,在事实上迈出了开放国门的第一步。在尊王攘夷派的志士看来，他这种人是不可饶恕的。

这一事件极大地鼓舞了日本全国的志士。他们为了实现尊王攘夷的目标，不再依赖幕府，而是打着天诛的旗号，刺杀妨碍他们事业的幕府高官等。他们认为这才是践行对天皇的忠义并伸张正义的现实途径。

从这时开始，政局的中心从江户转移到了朝廷所在的京都。受到尊王攘夷思想鼓动的浪人从全国各地集中到京都，有观点认为其数量最多时超过了三千人。在京都政局中掌握了主导权的是诞生了吉田松阴的长州藩。长州志士们积极地在朝廷运作，试图促使幕府实施攘夷。针对这些嚣张的志士，幕府意识到仅用既有的官僚组织难以应对，从而建立了新的暴力机构，也就是新撰组。

文久三年（1863）发生了"八一八政变"（七卿流放事件），长州藩，以及提倡反幕府和攘夷的激进公家（三条实美等人）均被驱逐出朝廷。发起此次事件的是担任京都守护职的会津藩和萨摩藩。谋求收复失地的长州军在翌年袭击了京都御所，挑起了禁门之变（蛤御门之变），但被会津和萨摩的军队驱逐。

提倡"一藩勤王"的武市半平太

上述这种时代浪潮与龙马所在的土佐藩也不是毫无关

联的。在土佐，倡导尊王攘夷思想、组织志士的中心人物就是可算作龙马兄长的武市半平太。他刚好在龙马第二次江户游学时前往江户，一边在桃井春藏的士学馆学习剑术，一边结识诸藩名士和尊王攘夷的志士，渐渐扬名于世。武市半平太宣扬尊王攘夷思想，在江户组织建立了土佐勤王党，自己担任其首领。这时在土佐的龙马也于翌月参加了这个土佐勤王党。也就是说，这个阶段的龙马还只是个跟随武市半平太脚步的尊王攘夷志士。

当时，名遍日本全国的尊王攘夷思想的领袖们逐渐开始投入跨藩的政治运动。长州的久坂玄瑞、高杉晋作、桂小五郎，久留米的真木和泉等人都是其中的代表，武市半平太也逐渐成为其中一员。

文久年间的龙马甚至还为武市半平太干些跑腿的工作。文久元年（1861）十月，龙马打着到丸龟进行剑术修行的幌子离开了土佐，实际上是身负武市半平太的密令朝大坂和长州方向去，其真实目的是打探诸藩尊王攘夷志士的动向。

龙马于翌年文久二年正月到达长州萩城，与久坂玄瑞进行了会谈。龙马在那里滞留了十天左右，然后带着久坂玄瑞写给武市半平太的书信回到了土佐。在这份信件中，久坂玄瑞呼吁武市半平太发起决战："诸侯公卿皆不可靠，草莽志士都应挺身而出。"他还写道，"为求大义，即便土佐长州皆灭也并无不可",表达了自己坚定的决心。这种过激的思想对于龙马来说应该是一股冲击吧。

可以说,龙马在这里发挥了"粘合剂"的作用,将武市半平太和久坂玄瑞这两位土佐和长州的尊王志士联结起来。日后那个在萨长同盟之间居中斡旋的龙马的形象,或许从这里就可见一斑。正如上文提及的那样,龙马这种不拘一格的灵活性格让他得以扮演这样的角色。

阅读了久坂玄瑞的书信后,武市半平太究竟会作何感想呢?虽然他以尊王攘夷思想为旗号,但如他给自己的政治结社取名为"土佐勤王党"一样,武市半平太的想法是由土佐担任尊王攘夷的旗手,推动日本全国的政治进程。举藩勤王的这种想法在当时被称作"一藩勤王"。

不过,这对于上士们来说是一种危险的思想。土佐藩本来是藩主山内家和上士们用于支配领地的组织,武市半平太这些下士们却站出来,说要把土佐藩作为"勤王"的工具,二者之间当然会产生分歧。

"清君侧"的幻想

希望让土佐藩成为尊王攘夷之先驱的武市半平太,通过参政吉田东洋,试图说服退居幕后却依然拥有影响力的前藩主山内容堂。然而,如同上文既述,无论是吉田东洋还是山内容堂,都通过中滨万次郎有机会了解到西洋的情况，故而察觉到攘夷并不现实。

另外，虽然山内家是外样大名，但他们从德川家康手里领受了土佐一国，成为其领主，一直重视这份始于关原之战的恩义。对于山内容堂来说，试图撇开幕府和德川家与朝廷建立联系这种过激的尊王攘夷思想是难以接受的。吉田东洋和山内容堂说到底也是站在现实主义的立场上，寻求一种在协调幕府与朝廷之间关系的同时推动政局运作的公武合体路线。

武市半平太无法理解他们的这种想法，他武断地认为自己的学说不被山内容堂和藩主山内丰范接受是吉田东洋的错，故而在文久二年（1862）十月八日，终于走出了暗杀吉田东洋这一步。实际动手的是土佐勤王党的那须信吾、大石团藏和安冈嘉助三人。

暗杀吉田东洋是为了实现尊王攘夷而实施的一次具体行动，这正是久坂玄瑞等过激的尊王攘夷派志士梦寐以求之事。从现在来看，暗杀一藩之重臣、主君之亲信就相当于对主君的背叛；然而，对于这些人来说，这种行为带有浓厚的"清君侧"的意味，换言之，他们要排除将主君引入歧途的恶人。这种意识直到昭和时期仍然存在，发起"二二六事件"的青年将校们就环抱着与此相同的心情。我认为这是一种只在东亚儒家文化圈出现的极为特异的倾向。

这次暗杀行动的结果就是，武市半平太成功将吉田东洋派的藩士从藩政要职上驱逐出去。他将反感吉田东洋等人藩政改革路线的守旧派重臣推上台面，在一段时间内暗中掌握了左右藩政的力量。

武市半平太跟随藩主山内丰范上京，一边为了说服朝廷命令幕府践行攘夷而四处活动，一边不断实施被称为"天诛"的针对异己的暗杀行动。后来，在"八一八政变"中，长州藩失利，无论是在京都政局中还是在土佐藩内，公武合体派的势力重新崛起，转眼间武市半平太等人的土佐勤王党在各方面都受到压制。武市半平太等人相继被捕，受命切腹。这时主导对土佐勤王党的镇压行动的是吉田东洋的外甥——日后与龙马携手合作的后藤象二郎。

与平井加尾的恋爱

不过，在吉田东洋被暗杀之际，龙马已经不在土佐了。在约两周以前的三月二十四日，龙马与土佐勤王党的同志泽村惣之丞一起脱藩。上文提及，吉田东洋和山内容堂已经明白攘夷不可行，而龙马受到了河田小龙的熏陶，对此也有同感。或许龙马此时的心理十分矛盾，他虽然作为土佐勤王党的一员提倡尊王攘夷，但同时也痛感攘夷不可行。

说不定龙马已经预想到暗杀吉田东洋的行动会导致土佐勤王党受到镇压。一般认为，龙马脱藩的理由不止一个,但他与久坂玄瑞的相遇肯定是其中之一,这让他开始意识到要超越藩的组织框架进行活动。显然,长州尤其是久坂玄瑞对坂本龙马产生的影响非常强烈。

与此同时,奉行现实主义的龙马可能也感觉到这种打着攘夷的旗号暗杀政敌吉田东洋的行为终究是不可取的,秉持现实主义的龙马可能早已看破这条路线的问题所在。龙马是不是也有所预感,担心如果继续留在土佐或许会自身难保吧?

说起脱藩的来龙去脉,首先是土佐勤王党的吉村虎太郎及其同志宫地宜藏于三月七日率先脱藩。吉村虎太郎建议武市半平太响应久坂玄瑞提出的"越藩之垣墙,为尊王攘夷而举兵"的号召,但遭到了提倡"一藩勤王"的武市半平太的拒绝,故而决心脱藩。

其实早在四天以前,同为土佐勤王党人的泽村惣之丞就与吉村虎太郎一样脱藩了。吉村虎太郎等人前往下关,集结在支持尊王攘夷志士的豪商白石正一郎旗下。其后,泽村惣之丞为了说服武市半平太而回到土佐,但未能达成目的,故而再度脱藩。此时跟随泽村惣之丞脱藩的人就是龙马。

因此,我认为龙马脱藩的直接契机可以说是吉村虎太郎等人的脱藩行动。龙马从亲戚弘光左门处借得黄金十两,终于开始自己的旅途。据说他首先在祭祀坂本家先祖的和灵神社短暂停留，然后与泽村惣之丞一起经由梼原村（今高知县高冈郡梼原町），越过土佐与伊予（今爱媛县）的国境线韭之峠，通过大洲，到达长滨（今大洲市），在此登上了前往长州三田尻（今防府市）的航船。

在龙马脱藩的翌日，土佐勤王党的平井收二郎写信给自己在京都的妹妹加尾，告知："坂本龙马，昨二十四日夜，逃亡。定会前往彼处。"而且平井收二郎还忠告妹妹：无论龙马说什么，都千万不要相信他。平井收二郎特意写信告诫妹妹，这反过来就意味着加尾很有可能为龙马提供帮助，因此，龙马与加尾之间有恋爱关系这一坊间传闻或许确有其事。

顺便多言几句，这种脱藩行为，即江户时代隶属于某藩的藩士未经许可私自出藩的行为，是被视为犯罪的。然而，事实上如何处置这种脱藩行为，各藩之间均有不同。天明年间有名为涉井太室的儒学者写作了一本题为《世之手本》的小册子，论述了诸藩的藩风。当然这本小册子里描述的是江户时代初期的情况，但由此可知，津藩藤堂家等会专门向离开本藩的藩士赐予料理，甚至赠送其刀剑。据说藩主曾说："未能给予欲获之俸禄，故而辞藩"，"若是未能寻得仕官之处，请归"。另外，冈山藩池田家会让藩士在脱藩之际以书面方式许诺若是主家池田家有事时必须返回，然后默认其脱藩行为。只要留下这样的书信，脱藩之人"即便某日经（城之）前门而过也无妨"。事实上，冈山藩士浦上玉堂、藤本铁石等文人画家都脱藩了，他们非但没有受到谴责，反而在京都与冈山藩士有所交流。

但与此相反，土佐藩、萨摩藩和佐贺藩等将脱藩视为重罪。阿波与土佐的国风甚异。从盂兰盆节的舞蹈就可看出，阿波的蜂须贺家的家风大方随和，"甚至没有出入门禁"，如果值班时离开岗位，也只是被询问一通而已。他们厌恶死刑，重刑犯也只是被看押在山中而已。但阿波的邻国"土佐国法甚严"，因此可以想象龙马在脱藩前必然作了充分的心理准备。而且土佐勤王党暗杀吉田东洋的行动也更加迫使龙马立即做出决断。

以必死的决心脱藩的龙马，已然不是武市半平太的追随者，也不是狭隘的尊王攘夷志士了。我认为，脱藩可以说是龙马化茧成蝶的关键一步，新生的龙马超越了土佐藩这一组织框架，将目光瞄向了日本这个"国家"，并通过海运和海军进一步将视野扩展到了整个世界。

四 "龙马的海军"是如何创建的

龙马真正的价值在于"坂本海军"的创建

说到坂本龙马的功绩，首先可以举出萨长同盟的斡旋和大政奉还的献策两个例子。这二者均为关系到明治维新的重大事件，但并不一定是龙马的独创。

关于萨长同盟，当时还有其他同样认为西南两大雄藩必须携手的论者存在，作为当事者的两藩人士也隐约察觉到他们必须相互合作。在实际行动方面，龙马的同志中冈慎太郎等人也积极参与，因此甚至也有论者认为实际上中冈慎太郎在同盟结成中发挥作用更大。

关于大政奉还，幕臣大久保忠宽（一翁）和前越前藩主松平春岳（庆永）等人已先于龙马提出这样的主张。而且关于代替幕藩体制的新政体的形式，与其说是龙马的独创，不如说在很大程度上是他对横井小楠的依葫芦画瓢。

比起这些功绩，我更重视的是龙马比任何人都更早地理解了海军的重要性，并且实际创建了海军，还亲自驾船参与实战。意识到海军重要性的还有其他人，但没有瞻前顾后，而是将其成功付诸实践的人正是龙马。

龙马虽然是既不从属于幕府也不隶属于藩的"浪人"，但依然购买了耗资巨大的军舰，创建了"坂本海军"，并使其以商社一般的形式发展下去，甚至还利用这种海军力量接受雇佣，参与了长州军和幕府军之间的战争（长幕战争）。我认为，唯有龙马能够实现这种组织体的建立，这是不折不扣的重大事业，窃以为龙马在这个方面的功绩甚至被过度轻视了。

第二章　龙马的幕末人生

船只打破的军事平衡

大名领地收获的大米数量（石高）与国力和军事力量基本成正比，这是江户时代的和平与秩序的基础所在。幕府保持着十分突出的石高优势，以及与其相对应的国力和军事力量，以此统领诸藩。然而，如果西南雄藩通过与海外进行贸易等方式，获得了石高之外的致富手段，那么这个等式就完全不成立了，秩序与和平将出现裂痕。因此，幕府禁止建造可以进行海外贸易的大船。除特例以外，江户时代的和平是建立在对海运和海船的禁令之上的。

然而，随着黑船来航，这种和平与秩序受到了极大的震动。在德川家康和第三代将军德川家光的时代，幕府假想的"战争"形式是西南大藩利用陆上的军事力量经由东海道东进，越过箱根直逼江户。所以幕府将萨摩和长州这样的外样大藩分配在偏远之地，这样他们就无法轻易攻打江户了。

但佩里舰队的到来明确了一个事实，那就是只要用大船装载长射程的最新火炮、运输大量兵员，就可以直接进入江户湾攻打江户城。这样一来，将外样大藩放到九州等偏远之地的部署反而产生了反作用。他们邻近海外贸易的据点长崎，拥有与西洋交易之便，这绝对有利于他们在幕府目不能及的地方推动近代化发展。

这些被称为西南雄藩的大藩,通过接触西洋的文化事物和信息知识,先于幕府开始了近代化的尝试,佐贺和萨摩等藩甚至建造了军工厂和制铁厂,进而购买军舰、创建海军。当然,这个阶段藩拥有的海军并没有多大的规模,但不管怎么说,海军的时代已然拉开序幕。

个人的海军

在这样的时代里,龙马是怎么想的呢?那就是个人向外租借海军,从而发挥作用。这在当时恐怕只能被人们认为是天方夜谭吧。

文久二年(1862)三月脱藩的龙马在当年首次与胜海舟相会,据说他马上就拜入了胜海舟门下,进而将从土佐脱藩的同志介绍给胜海舟,并同样让他们成为胜海舟的弟子。本来龙马通过与河田小龙的接触,已经将目光投向了大海;而随着与胜海舟的相识,龙马的目标更加明确,那就是创建海军。

在胜海舟门下学习海军知识的人或许不少,但考虑将海军收入个人囊中并真正实现了这一想法的只有龙马一人。日后龙马建立了龟山社中,而龟山社中后来又被海援队接替。这些组织在资金上当然得到了萨摩藩和土佐藩的幕后支持,但调配船只、进行贸易、参加战争等行动说到

第二章　龙马的幕末人生

底还是根据龙马的意思开展的,可谓是"龙马的海军"。我认为这正是龙马的杰出能力和预见性的充分证明。

与龙马结识之际,胜海舟正担任幕府军舰奉行并①的职务。翌年文久三年(1863),在号召决意攘夷的舆论压力下被迫上京的将军德川家茂在大坂湾视察了军舰"顺动丸",受命随行的胜海舟向他陈说了创建海军的必要性,获得了在神户开设海军操练所的许可。由此,元治元年(1864)五月,神户海军操练所得以开设,其位置在现在的神户港附近。

当然,胜海舟门下的龙马也与这一事业有巨大关系。开设海军操练所需要巨额资金,单靠幕府拨给的经费是难以支撑的。在这种情况下,龙马在胜海舟的授意下展开了行动,前往旧知前越前藩主松平春岳处请求资金援助。

其实在此之前,得益于胜海舟在土佐前藩主山内容堂处所做的疏通工作,龙马得以被赦免脱藩之罪。然而即便如此,龙马作为一介藩士乃至无法继承家业的次子,居然前往大藩的前藩主处借钱,他能够如此轻而易举地打破这种常识和社会积弊所构成的藩篱,说明他必然具有优秀的突破能力。龙马这种无畏无惧的性格关系到后来萨长同盟

---

① 幕府在主管海军筹建事务的军舰奉行一职下设立的副官职位,实际主持具体工作。

的成立，但换种视角来看，这或许也是将龙马引上死亡之路的一大要因。

破灭之梦——神户海军操练所之后

结果，龙马成功从松平春岳处借得数千两的巨额资金，换算为现在的货币价值则超过十亿日元，真可谓是无畏无惧之人的成就。有了这笔资金的加持，海军操练所终于建成。这里需要特别澄清一件经常被人误解的事情，即担任海军操练所实际领导——教授这一职位的是与龙马一样同为胜海舟弟子的佐藤与之助，而龙马则是有别于海军操练所的另一组织——胜海舟私塾的塾头。

海军操练所位于兵库港稍东的海岸边，还包括神户村的"船蓼场"① 在内。据说希望进入海军操练所的人来自以畿内②为中心的旗本、御家人③的子弟，以及西日本诸藩。根据胜海舟的计划，海军操练所的运营费用将逐渐由诸大名共同承担，也就是说，胜海舟想要海军操练所成为"一大共有之海局"。虽为幕臣，但致力于成就超越幕府

---

① 本意为岸边供船主、水手检修木船并清除蛀虫的船坞，由商人网屋吉兵卫于1854年在神户出资建立，是为近代神户港的前身。
② 在日本，指靠近京都的地区，一般包括摄津国、山城国、大和国、河内国、和泉国这五个令制国。
③ 旗本和御家人都是从中世到近世的日本武士的一种身份，两者的不同在于旗本可以面见将军，而御家人没有这种资格。

框架的事业，胜海舟的视野之广阔、构想之宏大由此可见一斑。或许龙马就是从他那里学得了很多东西吧。

然而，由于政局的急剧变动，海军构想遭遇了挫折。从文久三年（1863）至翌年，"八一八政变"、池田屋事件和禁门之变相继发生，长州等攘夷派的势力从京都政局中被驱逐。在池田屋事件中，被幕府所杀的人中有海军操练所的学生，因而幕府将怀疑的目光投向了海军操练所，怀疑其虽为幕府机关，却招收反幕府诸藩的人为学生，并对他们进行海军教育。

此时还有一个背景是，幕府勘定奉行小栗忠顺（上野介）与法国驻日公使莱昂·罗什（Léon Roches）联合，在横须贺建立制铁和造船所，筹办专属于幕府的军事力量，致力于将长州等反幕府势力驱逐，这股势力在幕府内部不断强大起来。在他们看来，胜海舟的构想及其具体的操练行动都是对反幕派有利的。

其结果就是，在元治元年（1864）十月，身为负责人的胜海舟被召到江户，于翌月被解除军舰奉行一职，甚至被以反省为名软禁在家。失去了负责人的海军操练所在翌年庆应元年（1865）三月就遗憾地关闭了。失去安身之所的龙马与同志们一起受到了萨摩藩的保护，这一方面是由于胜海舟委托旧知西乡隆盛照顾他们，另一方面则是因为萨摩为了整备本藩的海军力量，也需要海军操练所教授的军舰操控法及其他各种与海军相关的技术。

其后，在从鸟羽伏见之战到箱馆战争的过程中，榎本武扬率领的旧幕府舰队在抵抗新政府进攻时十分活跃，当时的旧幕府海军从硬件方面来看甚至优于新政府从西南诸藩整合起来的海军。然而，旧幕府舰队的活跃程度并没有与这种硬件条件相匹配，或许问题就在于缺乏运用军舰的技术吧。随着一艘艘军舰相继触礁沉没，榎本武扬的旧幕府舰队逐渐失去了力量，至少可以说，他们并没有什么可以撼动历史的表现。

跨越"武士壁垒"的男人

与此相较，龙马的海军，即龟山社中和海援队，明显发挥了巨大的作用。在长幕战争中，龙马与长州的高杉晋作携手，在马关海峡大破幕府海军。虽说背后有萨摩等藩的支持，但从以个人的海军加盟长州并打败幕府海军这一点来看，龙马的行为可谓是一大壮举。

之后，龙马的海军更是向萨摩、长州和土佐等藩不断运输最新式的枪炮，使其得以聚集足以支撑到戊辰战争结束的军事力量，而龙马手上掌握的海军资源与后来的榎本舰队相比实在是微不足道，换言之，龙马利用极少的海军资源实现了倒幕的军事准备。

我认为，龙马及其海军在推动历史发展方面发挥的这种巨大作用值得人们更多地加以关注。

我们思考一下就会发现,龙马成就的事业都轻而易举地跨越了所谓的"武士壁垒",全部是原本的武士无法做到的、忌讳去做的,或者不屑一顾的。

首先,他实现了武士不敢想象的创建海军的壮举,并为此打破身份之藩篱,若无其事地求见藩主级别的大人物,甚至对于武士避之唯恐不及的金钱事务毫不厌烦,借来了数千两之多的巨额资金。其次,他利用运输武器等商业行为赚取运营资金,这也是旧时武士无法效仿的奇思妙想。最后,藩与藩之间建立军事同盟这种自战国时代以来绝不可能实现的事情也在龙马手中得以完成。

上述这些龙马成就的"事业"都是武士本来无法做到的,不能不说具有跨越"武士壁垒"这一重大意义。

五 为何龙马可以跨越"武士壁垒"?

将政治现象变为个人事业的能力

上文刚刚讲述了龙马是一位跨越"武士壁垒"的武士,我认为在龙马的多种特质中,与普通武士最为不同的是他将政治现象变为个人事业的能力,或许也可以说是将政治上的变动转化为生意的能力吧。对于政治,可能会有人将其还原为武力上的问题,也有人认为说到底还是政治问题,又或者有人认为政治是官僚机构的问题。

例如,当认识到旧有的幕藩体制已经穷途末路时,为了在弱肉强食的世界生存下去,有人首先考虑的是扩张军备,也有人为建立新的政治体制、实现议会政治而四处奔走活动。再者,幕藩体制逐渐变质的原因在于官僚世袭这一旧弊,所以也有人试图提拔具有能力的新晋官僚、创建新的官僚机构。

然而,要说到龙马考虑的是什么,我以为他当然考虑过构建新的政治体制,但他同时也把这当作建立跨越藩与幕府组织框架的海运等事业的机会。或许可以说,这一点正是龙马与他人截然不同的个性所在。如上文最初所述,龙马出生于才谷屋这种豪商的分家,又成长在土佐这种以与远方大都市的交易立国的藩内,这两点具有重要的意义。

由此可见,虽然龙马背负着来自乡士出身的坂本家的期待,确实有志于成为独当一面的武士,但他也不会以利用商业才能在世间活动为耻。

其证据便是龙马作为志士进行活动时选用的是才谷屋的姓氏。萨摩与长州秘密结成同盟关系之时,首先进行商业交易以构筑信赖关系,为了避开幕府的眼目,双方在签订契约书时使用了商家的屋号①。在两者间进行斡旋的龙马也相应地使用才谷的屋号进行标记,据说这就是龙马始称"才谷梅太郎"的缘由。对于龙马而言,一提到屋号,那就必然是才谷屋了。

在幕末的政治动向之中积极发展自己独特的事业(商业),可以说是龙马基于自己的个性而做出的自然行为。

逐步走向"开国"

到此为止,本书已经说明了江户时代的日本采取锁国体制,关闭了与外国保持关系的渠道。在现在的研究中,人们不再使用"锁国"一词,取而代之的是"海禁"这一表达。正如这个词语表现出来的那样,人们开始认识到所谓锁国其实是日本对海外航船和交易进行严密的管理,以此进行限定性的垄断性的交易。

在江户时代以前的东亚,由于倭寇和丰臣秀吉出兵朝鲜等问题,各国都在对外关系上遭受了巨大的挫折。因此,禁止包括侵略行为在内的相互干涉并封闭海域,在严格管制之下开展贸易,是江户时代整个东亚的普遍体制。

---

① 指商家在进行商业活动时的名称,因为日本商家多以出身地或姓氏后加"屋"作为自己的称呼,如"越后屋""三好屋"等。

由此可见，虽说是"锁国"，但其实只是在有所管控的状态下把国门开得小一些。

日本当时有四个对外开放的窗口。第一个就是因出岛[1]而闻名于世的长崎，幕府在这里直接与荷兰和中国进行贸易。第二个是对马，日本以对马领主宗氏为中介，与朝鲜开展贸易。第三个是琉球，通过以武力侵略并支配琉球的萨摩藩，日本与琉球和中国持续进行着贸易往来。第四个是虾夷地，松前藩作为媒介联结起了日本与阿伊努族及其他北方民族的贸易。

顺便提及一句，幕府秉持的是基本上不与东亚各国直接对峙的方针。这是为了避免国家间围绕上下关系——哪个国家必须低头服软，哪个国家又必须极尽礼仪——产生嫌隙。

在进行这种有限贸易的江户时代，事实上很多知识和信息得以流入日本，在精英阶层流行开来。不过，要说到商品流通的方面，除却金属和伊万里的瓷器等物品以外，在对外出口上有所作为的商品生产还只是一小部分。

这种"锁国"的状况被黑船来航彻底打破了。幕府原本严格管理大船的建造和与外国的贸易，但这一权力渐渐出现漏洞，各藩也逐步走向"开国"。如西南雄藩那样

---

[1] 长崎市的地名，1634 年，为收容葡萄牙商人而建设的扇形人工岛。

具有资金实力的大藩开始试图通过横滨和长崎贩卖生丝和石炭,从海外购入军舰和武器,并且向西洋派遣留学生。

然而,从武家社会的常识来看,经商毕竟还是被忌讳之事,而且武士也不具备关于海军和船只的知识。更重要的是,即便花重金购买军舰,也没有能够操纵军舰的船员。龙马就是看准了这一点。龙马及其周边的友人都是当时极少数能够开动远洋海船的专家。更何况,他们不会受到幕府和藩牵制,只要能够收到相应的报酬,无论怎样的客户委托都会接受,因而可以从事海运和商业活动。

成为胜海舟门生的龙马,在胜海舟的努力下得以被山内容堂免除脱藩之罪,但这是因为土佐藩迫不及待地想要获得龙马及其同伴的这种能力。

顺便要说的是,在萨摩收留龙马等人这件事上发挥作用的是西乡隆盛和小松带刀。其后,这两人在无论公私方面都给予龙马各种照顾,龙马也将小松带刀称赞为"天下之人物"。

"全日本"的海军教育机构

在神户开设海军操练所的胜海舟虽是幕臣,但他不希望海军操练所成为仅为幕府服务的工具,而是希望其超越藩的组织框架,成为"全日本"的海军教育机构。虽然西南雄藩正独自尝试建立海军,但如上文既述,他们缺乏人才。而且，每个藩各自为政筹建海军，其能力也有限。筹建海军当然是为了保卫日本的海岸线，避免从海上受到侵略，但由于日本列岛被海包围，需要防守的海岸线彼此相连，西南雄藩仅仅在自己领内的海岸线上设防，其效果是微乎其微的。

幕末时期的精英阶层已经通过高野长英和渡边岳山的著作对西欧发达国家的海军力量有了整体性的了解，也知道了英美在北太平洋地区部署了多少舰船。如果不能发动整个日本的力量来建设一支强有力的海军，就终究无法与列强抗衡。龙马和胜海舟都认识到了这一点，进而也明白为了统御一支海军，必须要有一个可以推行中央集权的强大中央政府。

胜海舟的海军观和国家观对于龙马的思想形成有很大的影响。然而，正如上文提到的那样，由于胜海舟失势，龙马等人被迫离开海军操练所，此时将目光投向他们的是萨摩藩。萨摩藩在筹建本藩海军的同时，还希望创建一个商社，以接手藩难以公开进行的交易。为此，萨摩藩不仅想要海军的技术，而且希望将龙马等人才全都网罗到自己麾下。

龙马为了回应萨摩藩的要求并创立自己的海军，于庆应元年（1865）闰五月左右在长崎兴建了名为龟山社中的商社。从现代人的思维来看，龟山社中的经营者是龙马，而拥有者则是萨摩藩。从萨摩藩的视角来看，龟山社中就像是一个掩人耳目的"皮包公司"。

顺便要说一下的是，龟山社中的正式名称只是"社中"，但因为其本部位于长崎的龟山，故而为了方便起见一般称为龟山社中。龟山社中负责操练萨摩藩的船只，每月三日每个成员都能获得三两二分的报酬。

"龙马的海军"推动历史发展

萨摩是一大雄藩，拥有强大的实力，连幕府也不敢无视其动向。然而，或许是由于地处边境，萨摩具有独特的文化和精神土壤，常常为其他藩所戒备，在京都政局中也没有获得舆论的支持。意识到这一点的西乡隆盛开始考虑与具有良好舆论支持的长州结盟。

另一方面，元治元年（1864）的禁门之变以后，长州藩被视为朝廷的公敌而被从京都驱逐出去，又在四国联合舰队发起的下关炮击事件中马失前蹄，这次事件是对第一次长幕战争和以践行攘夷为名义炮击外国船一事的报复。因此，长州藩也期待通过与实力雄厚的大藩萨摩联手以摆脱困境。

在这种情况下，萨摩的"皮包公司"龟山社中就作为一个可以用来支援长州的组织有了用武之地。庆应元年六月，龙马拜访了京都的萨摩藩邸，与西乡隆盛进行了会谈。会谈决定以萨摩藩的名义购买武器和军舰，由龟山社中作为中介转售给长州藩。这既是一种商业行为，也是在萨摩与长州之间达成经济合作的一种外交交涉。虽然龟山社中说到底只是以长崎作为据点进行商业活动，但当时的龙马无法仅仅专注于作为商社社长的工作，而是要在作为政局中心地的京都和龟山社中的大本营长崎之间，甚至在萨摩和长州之间往来奔波，极其忙碌。

以这种经济往来为开端，萨摩与长州于庆应二年（1866）一月结成了萨长同盟。随即在同年六月，幕府发动了第二次长幕战争。在这场战争中，双方在关门海峡的攻防，也就是双方海军之间的战斗具有重大意义。如果作为对外窗口的下关被幕府控制，恐怕长州就难以为继了。此时，龙马率领着既是商社也是独立海军的龟山社中，驾驶以萨摩藩的名义购买的英国船"联合号"（Union，又称"樱岛丸""乙丑丸"）出现在关门海峡参加海战，并为长州赢得了胜利。

这正可谓是"龙马的海军"推动历史发展的瞬间。

第二次长幕战争以长州的胜利告终。萨长同盟既已成立，长州也走出困境。作为萨摩"皮包公司"的龟山社中也完成了自己的使命，刚好此时又出现资金困难，所以在庆应三年（1867）四月解散重组为接受土佐藩支配的海援队。

第二章　龙马的幕末人生

龙马与后藤象二郎之间的和睦关系

这一时期，亦即庆应年间，日本政治的状况可以用一个关键词来概括，那就是"割据"。在第二次长幕战争中，幕府败给了长州一藩，其间第十四代将军德川家茂亡故，出现了将军之位暂时空缺的异常事态。其结果就是所谓"割据的时代"。在诸藩内开始出现"此后将是割据的时代"这种类似呼吁的说法，各藩开始若无其事地谈论"再不必听从幕府之言"或"藩应独自向着富国强兵的目标前进"等话题。如果转变观点来看的话，这也就意味着"从此没有军事力量的藩将没有政治上的发言权"。

受到这种社会情况的影响，发展迟于萨摩和长州的土佐也开始重视起龙马等人的价值。在此之前，土佐藩由于镇压土佐勤王党等事件处于分裂状态，未能积极参与全国政治。然而等到回过神来看时，乡士出身且曾为土佐勤王党一员的龙马成为脱藩浪士之后在萨摩和长州之间进行斡旋，反而对政局的最终走向发挥了巨大的影响力。

接近龙马的是曾被土佐勤王党暗杀的吉田东洋的外甥后藤象二郎。后藤象二郎在吉田东洋被暗杀后一度失势，但后来回归藩政，担任了大监察这一重要职位，并主导了对武市半平太等土佐勤王党人的镇压。换言之，后藤象二郎是龙马的仇敌。然而，参与藩政以后，后藤象二郎正视了这样一个事实，即土佐藩若想在中央政局中增加自己的存在感，就不能无视"龙马的海军"。事实本来就是，如果不利用船只渡海，从土佐就无法前往畿内和江户等日本的中枢地区，因而无论如何土佐藩都不得不拥有海军。

对于龙马来说，后藤象二郎是不共戴天的仇敌；然而，此时龟山社中的经营面临危机，龙马为了维持海军的运作，必须要让土佐藩成为自己的后盾。另外，从大局来看，对于想要抑制萨摩和长州激进行动的龙马来说，让土佐拥有海军力量、增加话语权是具有重要意义的。

最终，在庆应三年（1867）一月，龙马与后藤象二郎在长崎的料理店"清风亭"进行了一次超越恩仇的历史性会谈，据说两人一见如故、意气相投。后藤象二郎为龙马先进的思想和不受藩的框架所限定的开阔视野所折服，免除了他第二次脱藩的罪行，任命他为隶属于土佐藩的海援队的队长。另外，龙马对于后藤象二郎这个人物也有很高的评价。

率领海援队的龙马一边兼顾海军和商社的活动，一边与以倒幕为明确目标的萨摩和长州维持紧密关系，越来越深入地参与到愈加紧张的中央政局中。

六　龙马与英国支持倒幕的真正理由

"伊吕波丸"的沉没

庆应三年（1867）十月，刚刚在长崎创立不久的海援队在该月的二十三日就蒙上了一层前途未卜的阴云。海援队从大洲藩借用的船只"伊吕波丸"（いろは丸）因与纪州藩的"明光丸"碰撞而沉没，这就是"伊吕波丸"事件。当时"伊吕波丸"从长崎出港，经关门海峡进入濑户内海，与同样在濑户内海航行的"明光丸"于赞岐的箱之岬海域相撞，船只很快就沉没了。龙马认为事故的责任在于"明光丸"方面，向德川御三家之一的纪州藩提出了赔偿损失的交涉。

双方的正式交涉在长崎的圣福寺进行。此时的龙马为了顺利展开交涉，作了一首民谣："船沉之赔偿，不取金而取国。"他让这首歌在长崎的街坊流传，以争取舆论的支持。这是一则让人感受到龙马炉火纯青的交涉术的轶事。

交涉期间，土佐藩的后藤象二郎也加入进来，最终在萨摩藩的五代才助（友厚）的调停下，纪州藩承认了事故的责任在于"明光丸"一方，交涉得以顺利结束。龙

龙马史

马成功获得了八万三千五百二十六两九十八文的巨额赔偿，这一赔偿金额将"伊吕波丸"运载的枪械类物品的价值包括在内。但近年来人们在鞆之浦海域打捞起了被认为是"伊吕波丸"的沉船船体，根据对其的调查，据说并未发现其装载的枪械之类的货物。恐怕这是龙马为了在交涉中尽可能多地获得赔偿金而"夸大其词"了吧。这件事再次如实体现了龙马作为商人的高明手腕，以及他不畏权力与武士的精神。

失去"伊吕波丸"本是一次巨大的损失，但由于龙马的临机应变和强大的交涉能力，海援队得以转危为安。

寻求生丝的英国

龟山社中及其后继组织海援队最大的作用可以说是武器的买卖和运输。海援队的船只运输的各种武器——主要是枪炮类——增强了萨摩、长州和土佐等藩的军备力量，成为其后他们在戊辰战争中打败旧幕府军和奥羽越列藩同盟的原动力。为了从国外调运这些武器，海援队就将大本营设在了长崎。

如上所述，长崎是江户时代向外国开放的仅有的几个窗口之一，幕府在此地设有长崎奉行一职，管理中国人的居留地唐人屋和荷兰商馆所在的出岛。到了幕末时期，随着幕府权威下降，对长崎贸易的管理和限制逐渐放宽，西南诸藩为了独立调配武器和军舰，向长崎派驻官员，夜以继日地与外国商人进行交涉。

中国的毛泽东曾说过："枪杆子里出政权。"在幕藩体制面临显著危机、诸藩将迎来割据时代之际，无论是谁首先考虑的都是必须增强自己的军事力量。可以说当时日本全国所有藩都在寻求拥有更大杀伤力的最新武器。

幕末时期，也就是19世纪后半叶，应该说是大英帝国具有压倒性军事力量和"世界政权设计能力"的时代。我认为，在明治维新这样的革命中，英国发挥的作用应该是相当大的。越是翻阅当时的文献资料，就越是感到英国在各种局面中的参与。如果说明治维新实现的要素中有好几成是英国的功劳，那也并非夸大其词。

为何英国会干预日本的政治呢？英国在世界各地建立了殖民地，但到了19世纪后半叶，英国开始将重点放在维持以殖民地为基点进行的稳定贸易。随着工业资本主义的发展，商品输出及其原料调配的必要性急剧增加，所以英国必须制定新的对外战略。

美国的佩里要求日本开国最直接的目的是确保捕鲸船等船只的停留港口和补给地；但英国希望的是能够稳定购入日本的生丝和茶叶等当时欧洲必需的商品。这一时期由于蚕病的流行等因素，世界范围内的生丝供给量都有所下降，这时映入人们眼帘的就是日本价廉物美的生丝。

龙马史

据说，幕末时期日本贸易额的八成以上是生丝，其中八成以上是从横滨出口的，进而其贸易总额的八成以上是由英国商人创造的。换言之，如果要说幕末时期的开国是什么，那么一句话来概括就是"从横滨向英国出口生丝"这件事。

樱田门外之变打响了第一枪

在从日本大量采购生丝的代表性外国公司中，有一家是由前东印度公司员工创立的怡和洋行。该公司于1832年创立于中国广州，1841年将本部转移到了大英帝国占领下的香港。该公司不仅进行生丝交易，还以向萨摩和长州出口武器和军舰而闻名。

安政七年（1860）三月，大老井伊直弼在樱田门外之变中遇袭身亡，当时让他丧命的不是浪士的刀剑，而是一发子弹。据说最先射出的子弹贯穿了井伊直弼乘坐的轿子，从这种杀伤力来看，可以想象用于射击的是枪管内刻有螺旋状膛线的大口径手枪。

一般认为，袭击井伊直弼的手枪是武器商人中居屋重兵卫交给执行袭击的浪士的。重兵卫是精通火药技术之人，出身于上野国（今群马县）。他垄断了以质量优良而众所周知的上州生丝贸易，有种说法认为他是通过怡和洋行得到了手枪的。

那么，在樱田门外之变中使用的手枪究竟是不是中居屋重兵卫准备的进口产品呢？真相截至目前尚未明了，但不管怎么说，怡和洋行将大量武器销往日本是一个不争的事实。

顺便要说的是，与这种武器交易相关的人物是一位名为吉田健三的福井藩士。他在明治时期担任怡和洋行横滨分店的店长，不仅交易生丝，而且参与军舰和武器买卖，还独自开展了各种业务，成为一代富豪。吉田健三也是二战后担任日本首相的吉田茂的养父，吉田茂正是利用养父的遗产进行外交、政治活动。因而要论述日本的近代史，是不可能绕开其与英国之间的关系的。

预感到幕藩体制崩溃的萨道义

怡和洋行作为军火贩售商与明治维新的进程密切相关。汤玛士·布雷克·哥拉巴（Thomas Blake Glover）作为怡和洋行的一名职员来到日本，在长崎的商业舞台上大展身手，并与龙马结成了众所周知的紧密关系。哥拉巴创建了哥拉巴洋行，作为一名政治商人不断加深与日本的关联。

据说现在作为哥拉巴园对外开放的哥拉巴府邸曾迎来诸多知名人士，他们频繁出入哥拉巴府邸，其中以龙马为代表，还有龟山社中的近藤长次郎，萨摩的小松带刀、五

龙马史

代友厚，长州的高杉晋作、伊藤俊辅（博文）、井上闻多（馨），以及后来三菱的创始者——土佐的岩崎弥太郎，等等。哥拉巴说到底只是一介商人，但他通过这样的人际关系间接参与了幕末时期的政局。

幕府于安政五年（1858）签订了包括《日美修好通商条约》在内的安政五国条约，据此开放了横滨和神户等港口。不过这一阶段的贸易可以被称为"居留地贸易"，也就是将外国人集中在一处，仅在该处进行贸易，并且对贸易进行限制和监视。作为重要出口产品的生丝是由养蚕业支撑的，但养蚕业主要分布在寒冷干燥的内陆地区，即现在的群马县和山梨县，因此外国商社希望能够前往当地采购。然而，幕府认为在攘夷热潮尚未平息之际，难以保证外国人的安全，以此为理由，仅仅允许进行限定性的居留地贸易。

但是，长期大量购买生丝的日本国内商人并不通过批发商，而是直接将产品运往横滨居留地进行贩卖，因而生丝处于供不应求的状态，价格高昂。生活必需品也随之涨价，招致居留地出现通货膨胀。针对这种情况，幕府开始在横滨居留地入口阻止国内商人的迁入。因此，港口虽然开放了，商人也居留在此，生丝却无法进入居留地。

在运入居留地的货物中，有一些上面标有圆圈内含十字的纹章，那就是萨摩藩的货物。萨摩岛津家通过将

第二章 龙马的幕末人生

笃姬嫁给第十三代将军德川家定当正室等手段，与德川将军家结下了深厚的关系，实力极为雄厚。幕府为了避免与萨摩藩产生紧张对立的关系，特许萨摩藩的货物不经检查通关，这导致只有萨摩藩囤积的生丝得以进入居留地。

从这一现象中敏锐看破日本实情的就是英国的外交官萨道义（Ernest Satow）[①]。萨道义早已发现幕府已经无法完全驾驭萨摩等大藩，而大名们鼓吹的攘夷只是表面的口号，其实际目的在于进行贸易。"大名们试图贩卖日本国内的产品，以此获得利润，充实本藩财政，并且储备最新式的枪炮以谋求富国强兵，力求提高在国内政治上的发言权。"英国外交部通过萨道义很早就了解到以上情况，可见英国的情报搜集能力和分析能力十分强悍。

在此基础上，英国还判断雄藩割据的状态不会持续很久，最终诸侯将结成政治联合体，届时成为其中心的不是幕府而是朝廷。另外，如果幕府继续这样存在下去，横滨居留地贸易将继续受到监管；但如果能让诸侯一方建立政权，就有可能实现更加自由的贸易。从希望继续稳定贸易的英国的立场来看，在二者间如何选择，其答案是一目了然的。

---

① 其日文名为佐藤爱之助。

龙马史

萨道义于 1866 年在《日本时报》(*Japan Times*)上发表了题为《英国策论》的论文,《日本时报》是一份在横滨外国人居留地发行的报纸。该论文记述了萨道义对于日本未来的预测,他最终断定日本的中央政权已不为幕府所掌控,英国应将雄藩诸侯联盟作为外交的对象,甚至将政权移交到他们手里。与西南雄藩有密切关系的哥拉巴是英国驻日公使巴夏礼(Harry Parkes)的智囊,因此萨道义的这种想法或许就是在与哥拉巴进行的对话和情势分析中形成的。

促成明治维新的武器革命

当时的英国具有所谓的"政治设计能力",作为超级大国,能够向有利于本国利益的一方贩卖最新武器,帮助其建立政权。萨摩的西乡隆盛和大久保利通就很好地理解了英国的这种能力。文久二年(1862),发生了萨摩藩士伤害英国人的生麦事件,围绕其赔偿问题的摩擦引发了萨英战争,但其结果是萨摩和英国由此了解了彼此的实力。

那么,想要实现这种新政权的构想,什么是必不可少的呢?正如上文再三论述的,那就是枪炮。他们必须拥有比对方更为先进的最新式的枪炮。

在此之前的日本,各大名家与幕府的军事力量是与石高成正比的。如果百万石的大名与五十万石的大名打仗，那么胜利必然属于拥有双倍兵力的百万石大名。当然，拥有最大石高的是幕府。因此，无论在什么情况下，个别大名家想要凭军事力量抗衡幕府军都是不可能的。但如果武器的性质发生变化，"石高＝兵力（军事力量）"这一等式就不成立了。

在幕末时期的日本，最新的米涅步枪的登场具有划时代的意义。在此之前日本国内的步枪与战国时代的火绳枪一样，一般都使用球形的子弹。然而，米涅步枪使用枣形子弹（米涅弹），枪内螺旋状的膛线赋予子弹旋转力，其射程（贯穿力）是此前一般使用的类似火绳枪的燧发枪以及没有螺旋状膛线的格韦尔步枪的二倍以上。米涅步枪由法国军人克劳德－埃德内·米涅（Claude-Étienne Minié）在1849年发明，使用这种步枪可以压制住数量在三四倍以上的敌人。

在第二次长幕战争爆发的庆应二年（1866），长州藩从哥拉巴洋行购入了四千三百支米涅步枪。人数上占据优势的幕府军之所以会败给长州军，虽有士气低下的因素，但更大的原因在于使用米涅步枪代替旧式步枪的进程滞后。后来萨长两藩进一步用更加先进的恩菲尔德式步枪取代了米涅步枪，在鸟羽伏见之战中同样把具有压倒性人数优势的幕府军打得七零八落。

龙马史

换言之，可以说促使明治维新得以实现的是武器革命。长州藩和萨摩藩都有与外国进行战争的经验，其中长州藩甚至在下关战争中实际检验了米涅步枪在陆战中的威力。据说萨摩藩也在萨英战争之后购买了一万支米涅步枪。

龙马用海援队的船只运送的大多货物就是这种米涅步枪。事实上，据称装载于"伊吕波丸"上的货物是四百支米涅步枪。这种最新式的武器就来源于哥拉巴洋行，而成为武器和军舰买卖主要舞台的就是海援队的大本营所在地——长崎。

拥有"政权设计能力"的英国，希望在日本有一个能够维持稳定贸易的政权。与此相对，萨长两藩期望通过倒幕实现王政复古，为割据的时代画上句号，建立雄藩联合的公议政体，以此建立一个能够对抗西欧国家的日本近代国家。两者拥有一致的利害关系，因而"倒幕＝明治维新"这一基本路径应运而生。而实现这一目标的原动力就是以米涅步枪为代表的新型军事技术。

明治维新成功的背后有英国的盘算和新式枪支的登场等多种因素。而在这场革命中必不可少的一个环节就是必须有人来实际购买枪支，而完成这一环节的人既不隶属于藩也不隶属于幕府，而是能够自由进行海运和商业活动的海援队与坂本龙马。

七　为何萨长不结盟就无法倒幕？

尊王攘夷运动中稳健派和激进派的对立

让我们将时钟的指针稍往回拨，回来讲一讲龙马在京都的活动。

上文已经提到过，尊王攘夷的风暴席卷了幕末时期的日本。文久二年（1862）二月，孝明天皇的妹妹和宫嫁给了德川幕府的第十四代将军家茂，提倡公武合体的势力试图借此卷土重来，他们想要让朝廷与幕府协作应对外患。

虽然我们以教科书式的口吻来谈论尊王攘夷派和公武合体派之间的对立，但这个问题实际上没有那么简单。无论身处哪一派，这个时代的很多人都在一点上达成共识，那就是在现有的政治框架内是无法应对对外危机的。

因而理所当然的，所有人都开始探索新政权的体制。我们应该将狂热的尊王攘夷运动也看作这类摸索的一个变种。然而，尊王攘夷运动第一阶段的"摸索"因文久三年（1863）发生的"八一八政变"而以失败告终。"八一八政变"是萨摩藩、会津藩联合公武合体派的公家，计划将尊王攘夷派从京都的政治中枢中一扫而光的事件。

龙马史

此时所谓的尊王攘夷派，是指过激的长州藩士，以及诸藩出身但毫无后盾的志士、浪士。他们在这一阶段所考虑的新型政治体系是将日本全国的浪士集中起来，拥奉天皇，以众志成城之力将攘夷从愿望变为现实，然后继续以天皇为旗号，建立新政权。虽然这种想法与胜海舟思考的超越藩的新型体制类似，但因为缺乏保有海军等现实的军事手段作为支撑，其实质仍是不一样的。

即便尊王攘夷派能够从全国聚集三千名浪士，但由于缺乏有组织的经济基础，这种尝试注定将无疾而终。那么，究竟怎样的政权框架才有可能代替幕府呢？此时浮出水面的就是王政复古和大政奉还这两个词语。这种主张幕府将政权归还给朝廷、建立有诸侯参与的政治体制的想法早已由横井小楠和松平春岳等具有前瞻性思维的人提出，但到了文久年间，它开始作为具有一定现实性的政治目标被论及。

当然，这并不意味着天皇和朝廷原本是拥有行政和军事组织的，它们从一开始就没有独立的军事力量。这就是问题所在。这时在朝廷和公家的社会里，一位具有个性的杰出人才登场了。他就是曾被看作公武合体派并促成和宫下嫁将军一事的岩仓具视。但岩仓具视受到攘夷派的弹劾和镇压，被褫夺官位，蛰居在京都以北的岩仓村。他描绘了一幅切实建立天皇政权的蓝图，并在之后为实现这幅蓝图而开始活动。

第二章　龙马的幕末人生

西乡隆盛推动的趋势

在"八一八政变"中败北的长州又在元治元年（1864）七月的禁门之变中失败，完全被赶出京都。随即在八月，长州进攻京都的无理之举终于引起了第一次长幕战争。幕府命令诸藩出兵，集结了来自二十一个藩的十五万兵力向长州进发。然而，这次出兵实际上是"自弁"，也就是基于各人自费的军事动员。当时大部分武士的负债是年收入的两倍左右，而利息高达18%。这些武士自己准备武器装备，千里迢迢远征长州，甚至还将马都运往那里，这样一来，等到战争结束时，他们将不得不面对高筑的债台。

第一次长幕战争以长州暂时归顺幕府告终。长州远征军的参谋（征长总督参谋）是萨摩的西乡隆盛，他也正是在禁门之变中将长州从京都驱逐的始作俑者，但我认为，他的想法应该是要避免被幕府征讨的长州遭受毁灭性打击，从而导致幕府的势力重新强盛起来。西乡隆盛也在摸索如何建立以朝廷为中心的新型政治体制，所以他或许认为让幕府的权力复活是得不偿失之举，因而早早就为停战行动起来，这就是所谓的"长州止战"。

另外，如果能在早期就停止长幕战争，那么为战争所苦的诸藩就会感谢萨摩。萨摩的威信将因此大增，也将开

龙马史

西乡隆盛

始获得诸藩的支持和信赖,这对于原本不受欢迎的萨摩来说是一笔巨大的政治资本。西乡隆盛的考虑十分周详。

西乡隆盛提出了要求应为禁门之变负责的长州藩三位家老剖腹自尽等条件,以此为长州归顺幕府提供了台阶。远在京都过着蜇居生活的岩仓具视明确地看到了这种动向,并将此视为新政权组织框架得以形成的开端,开始更加完善和精炼自己的构想。

岩仓具视的政治构想

从庆应元年(1865)的夏季到秋季,岩仓具视相继撰写了《丛里鸣虫》《续丛里鸣虫》《全国合同策》三篇论文。在最后这篇《全国合同策》里有一句名言:"萨长二藩犹如龙虎，若遇风云，气势难测。"换言之，萨长两藩如果合作，就有可能打倒幕府、建立新政权的组织框架。随后，由于龙马和中冈慎太郎等人的奔走活动，庆应二年（1866）一月二十一日，萨长同盟在京都二本松的萨摩藩邸内正式达成。

在这里，萨长两藩讨论了具体的政治作战方案。倘若幕府进攻长州，萨摩向长州提供新式枪支；如果幕府势不可挡侵入长州，也就是长州展开游击战、战线呈现胶着状态的时候，萨摩将由此介入。疲惫不堪的诸藩届时很可能会放弃参战，因此幕府会更加羸弱。如果顺利的话，甚至可以用新式枪械将幕府军一扫而光，如此一来，萨摩会趁机一口气夺下京都政局的主导权。在这种方案下，接受枪支调配任务的就是龙马和龟山社中。

庆应二年（1866）六月，幕府再次征讨长州。但是已与长州密结同盟的萨摩拒绝出兵，而其他受到军事动员的藩依然疲敝不堪。通过萨摩和龙马得到的米涅步枪施展威力，再加上村田藏六（大村益次郎）卓越的军事指挥才能，长州在各处战场上奋勇抗战，击退了幕府军。随着亲临大坂城坐镇指挥的将军德川家茂病逝，第二次长幕战争由此以幕府的败北而告终。

人们大多明白萨长同盟得以成立是萨摩与长州两藩的当事者，以及中介人龙马和中冈慎太郎的功绩，但我们还应该注意到，其背后也有岩仓具视巧妙的政治设计在起着修路搭桥的作用。

萨长同盟是不是时代的必然结果？

萨长同盟究竟是哪一方提出的？虽然有诸多说法，但我认为其主体应该还是萨摩一方。不过，在具体的交涉过程中，萨摩避免操之过急。庆应元年（1865），中冈慎太郎与龙马原本想在下关安排西乡隆盛和桂小五郎进行会面，但西乡隆盛以有急事为由，临时取消了停靠下关港口的计划，直接驶向京都。说不定西乡隆盛是想以此考验长州的诚意，毕竟萨长同盟的缔结直接关系到与幕府的开战，是十分重要的大事。或许放桂小五郎的鸽子一事，也是西乡隆盛早已计划好的。首先，对于萨摩来说，将会谈地点设在下关并非良策。虽然长州认为与萨摩结盟可解燃眉之急，但长州藩士在禁门之变中被萨摩和会津打得一败涂地，一直指责他们是"萨贼会奸"。这样的长州藩士是否愿意马上在自己藩内与萨摩缔结同盟？其答案是不得而知的。在此西乡隆盛有所考虑：如果一直说要来到下关的自己突然变卦，长州的人们会做出何种反应？说不定他们表面上对这种无礼行为表示愤怒，但在内心深处会产生一种虚脱的感觉吧。长州藩士们将萨长同盟视为自己的生命线，他们害怕这件事成为泡影，这种恐

第二章 龙马的幕末人生

惧或许是刻骨铭心的。在这种情况下,西乡隆盛再通过坂本龙马向长州伸出橄榄枝,邀其在自己的大本营京都会面并缔结同盟,才是更好的办法。西乡隆盛早已看穿,被幕府大军重重包围的长州无论遭受何种践踏都不得不与萨摩结盟,即便自己对桂小五郎做出无礼之举,对方也会前来请求结盟。

不仅限于西乡隆盛,出色的政治行动家在共同作战或是缔结同盟之际,都会先看清楚对方是否会采取对己方有利的实际行动,然后再开始行动,绝不会相信仅仅是口头上的约定。例如,历史上优秀的政治行动家之一德川家康就是这样,石田三成举兵挑起关原之战时,虽然福岛正则等丰臣秀吉的家臣发誓为自己效力,但直到他们攻陷西军的岐阜城之后,德川家康才从江户动身。这就是他"不信语言,只信行动"的老奸巨猾之处。

萨摩与长州要想联手,必须与支持各自阵营的公家合作。岩仓具视与萨摩亲近,而长州则与在"八一八政变"中被朝廷驱逐的三条实美关系密切。作为岩仓具视和三条实美之间牵线人而登场的就是龙马和中冈慎太郎。庆应三年(1867)以降,岩仓具视结束蛰居状态,其会面记录留存下来,我们仅仅从这年以后的记录来看,就可以明确知道中冈慎太郎拜访过他五次,龙马与他会面过一次。恐怕在此之前龙马等人也常常到访岩仓府邸吧。

龙马将岩仓具视的想法付诸实践，推进了萨长同盟的成立，但这也侧面体现了萨摩的意向。在司马辽太郎的小说《龙马风云录》里，如果没有龙马萨长同盟就无法成立这一印象深入人心，但时代的车轮滚滚向前势不可挡，萨长同盟已经成为历史发展的必然趋势。桂小五郎虽然一时被西乡隆盛的违约激怒，但并没有停止与萨摩的交涉，这也清楚印证了以上结论。可以说，时势造英雄，龙马等人的存在就顺应了这种强大的时代洪流。

龙马的背书讲述的事实

龙马用朱笔写下的《萨长同盟公证书》（「薩長同盟の裏書」）留存至今。萨长同盟本是没有文书确定的口头协议，但桂小太郎"如老女人般容易担心"，害怕约定的内容无法得到切实的履行，故而将会谈内容总结为六条记录下来，请当时也在场的龙马证明这些内容属实。对此，龙马在桂小五郎的书信背面写上"丝毫无误"几个大字，这就是《萨长同盟公证书》。

一般来说，针对文书的朱字背书会写在另外的纸上，或是在旁边用小字添加。然而，龙马却在书信背面公然地用朱笔背书，这或许是为了增强单刀赴会缔结了

第二章 龙马的幕末人生

萨长同盟的桂小太郎在回到长州后向藩内进行说明时的效果。

事实上，我从这份文书可以看出萨摩的思维方式和特质，那就是"多预案"的发散性思维。所谓"多预案"，就是"当出现这种情况时该这么做"，具体预设几种可能发生的事态，并预先决定其对策。萨摩藩的武士从其孩童时代开始，就在"乡中教育"[①]中接受这种预设场合并制定对策的训练。桂小五郎在信中记载的同盟内容就是列举了同盟缔结后可能出现的几种局面及其应对之策。在鸟羽伏见之战中，西乡隆盛下发给部下的作战文书中也可看到"多预案"的设想。

萨摩出身的东乡平八郎有句名言是："有时也需无情。"总的来说，萨摩人具有"外人难以融入其中，一旦融入就会深谙其道""外人难以理解他们，一旦理解后就会极其信赖他们"的特质。因而萨摩人在缔结同盟时也会进行各种各样的预想。

那么，为什么萨长同盟的六条盟约内容没有被制成文书进行换约呢？从桂小五郎的书信来看，条文中包含了详细的作战计划："第一条，如遇战争，急速调遣二千余兵

[①] 萨摩藩独有的一种教育制度。"乡中"是以町为单位的组织，"乡中教育"就是以町为单位将武士阶级的青少年聚集起来进行教育的制度。对此后文还将详述。

力，即刻与在京兵力会合，并向浪华①派遣一千兵力，巩固京坂两地。"这样的文字如果落在幕府手里后果将不堪设想，恐怕萨摩方面也因此认为不能将盟约以文书形式保留下来。然而，在这种一旦落入敌人之手就性命攸关的重要文书上，龙马居然公开大胆地进行背书，落款处甚至使用了"坂本龙"的真名，不拘小节的性格跃然纸上。

从萨摩方面来看，万一这份秘密同盟的证据落到了幕府手里，他们还可以其"中介人"或"保证人"是一介浪人坂本龙马为由，在一定程度上逃脱罪责。可以说，对于萨摩藩而言，龙马这位代理人实在是非常有用的棋子。

寺田屋事件的真相浮出水面

对于准备迎战幕府的长州藩而言，与萨摩藩的结盟就是己方的生命线，而在萨长之间发挥沟通渠道作用的人就是龙马。如果龙马被杀或被捕，影响都将十分重大，因而高杉晋作将自己在上海得到的手枪送给了龙马。在寺田屋事件中，龙马险些被幕府役人逮捕时，这把手枪就出色地发挥了威力。

---

① 即大坂。

第二章 龙马的幕末人生

在萨长同盟缔结的第三天，也就是庆应二年（1866）一月二十三日，龙马与长府藩士三吉慎藏一起投宿京都伏见的旅馆寺田屋，午夜时分突然遭到伏见奉行所派遣的捕役袭击。龙马等人睡在寺田屋的二楼，通过龙马妻子阿龙的通知觉察到了这次袭击。龙马对着捕役大喝一声："在萨摩藩士的住处休得无礼！"他随即拿出高杉晋作馈赠的手枪应战，并找准时机逃脱。然后，在阿龙临机应变的配合下好不容易才逃入伏见萨摩藩邸，得以脱险。

关于这次事件，龙马在写给姐姐乙女的书信中报告了阿龙大展身手帮助自己的事件："正因有此龙女，龙马之命得以幸存。"

龙马为何会被幕府盯上？因为我们无法明确知道幕府方面对于龙马担当萨长同盟中介这一事实究竟了解多少，这一问题至今也没有明确的答案。也有一种说法认为，伏见奉行所只是将龙马等人误认为试图在京都袭击一桥庆喜的不逞之徒。

但 2009 年 12 月，一份让龙马逃走的伏见奉行所向京都所司代报告事件经过的文书写本被发现。这份史料处于不对一般人公开的状态，故而详细情况尚不明确，但据说上面记载了龙马左腕负伤后逃入木材商店，留下了染有血迹的装小物件的袋子，并且由于龙马逃往的萨摩藩邸有武装守卫，伏见奉行所的人无法进入等内容。根据这一发现可以清楚知道，幕府方面确实将作为萨长同盟中间人的龙马视为需要注意的人物。

然而，龙马在这里犯了一个巨大的错误。可能是因为匆匆逃跑，他手里的相关文书和资料等被伏见奉行所没收了。伏见奉行所拿到了与龙马和萨长同盟有关的有力证据，清楚地认识到龙马是何许人也。就这样，这次寺田屋事件成为一个转折点，龙马由此越发被幕府视为危险人物。

就在这次寺田屋事件发生的翌年十一月左右，龙马在京都近江屋遭到暗杀身亡。

八　不惜暗杀将军的龙马的思想

新时代的蓝图

幕末时期，各种各样的人才都在摸索新政权的组织框架及其实现方法。在上文里，我们对于以岩仓具视为中心的政治构想进行了思考，由此看来便可以发现，与其说坂本龙马是政治构想的"构想者"，不如说他是独自行动起来促使萨长同盟得以实现的"实干家"。当然，毋庸置疑的是，龙马自身对于如何实现王政复古也有具体的想法。

第二章　龙马的幕末人生

为王政复古的构想指明具体道路方向的是被称为《新政府纲领八策》的文章。这份"政体书"具体总结了大政奉还后新政权会建立何种政治体制的问题，写于庆应三年（1867）十一月龙马死亡前不久。这篇文章中所写的内容与其后成为现实的明治政府的情况极为相似，故而被视为一份充分展现了龙马卓越的构想能力和革命家魅力的文书。甚至有人以这份《新政府纲领八策》为由，将龙马评价为构建明治政府骨架的人。

不过，我们不一定能够断定这一政治构想就是龙马原创的。因为在这个时代，对于尝试建立新政权的组织框架且具有进步思想的人来说，《新政府纲领八策》的构想并非什么飞跃性的创见。

与《新政府纲领八策》内容十分相近，因而被视为其先驱的是名为《船中八策》的政策方案。不如说，这篇《船中八策》可能更加脍炙人口。为了向山内容堂提出大政奉还的建言，龙马从长崎前往兵库，在海上波涛掀起的摇晃中，他提笔写下了《船中八策》，这篇文章被认为更加具有龙马的特色。

不过，《船中八策》这一名称是后来明治时期的文学家坂崎紫澜取的。紫澜创作的《汗血千里驹》是以坂本龙马为主人公的小说，可以说是创造了现今流传甚广的龙马形象的先驱。现在，越来越多的研究者将《汗血千里驹》归类为传记或小说，认为《船中八策》实际上并不存在。但毋庸置疑的是，龙马以及与他具有相同政治构想的人们关于新政权的组织框架进行了高谈阔论，换言之，无论如何，类似《船中八策》的政策构想应该早已存在于龙马的头脑之中了。

《新政府纲领八策》先进性的特征

龙马的政体构想应该是受到了胜海舟和横井小楠的影响。特别是从以前到现在，人们都认为龙马的《新政府纲领八策》的内容与横井小楠撰写的政权构想《国是七条》有很多类似之处。毋庸置疑，我们现在看到的《新政府纲领八策》是经过了种种思想谱系的演变才最终完成的。

那么下面就对其具体内容依次进行分析。

"第一义，招揽天下有名人才，以备顾问"是指应该不论出身任用优秀人才，其基本思想在于"言路洞开"，即只要有好的意见，就应该毫无顾虑地上呈政府。

"第二义，起用有才之诸侯，赐予朝廷官爵，废除现今有名无实之官职。"这是一个新想法，说明龙马想要改革既存的官僚机构，也就是对幕藩体制的基本结构进行重塑。

"第五义，上下议政所"意味着要设置两院制的议

第二章　龙马的幕末人生

会，而"第八义，皇国今日之金银物价与外国平均"则论述了基于与外国的对等贸易而结成外交关系的必要性。可以说，这些想法都与横井小楠的构想是相同的。

比起以上这些条文，更有特色的是"第七义，亲兵"这一条。正如"朝廷寸铁不带"的说法体现出来的那样，长期以来，天皇都没有直属的军事力量。在江户时代，实际执行御所警备的是名为"禁里付"、隶属于京都所司代的旗本，而到幕末时期，又改为由会津藩和桑名藩受幕府之令负责警卫。最终，在龙马死后的第二个月，也就是庆应三年（1867）十二月九日，随着王政复古这一和平政变得以实现，萨长等与幕府疏远的势力又取代了会津桑名，扼守御所入口，将天皇这张王牌握在自己手中。萨长方面借此得以促使朝廷颁布各种诏书，这可谓是实质性的政权交替。而政权交替的结果就是朝廷开始发挥中央集权的功能，理所当然应该保有自己的军事力量以进行守卫。因而，"第七义，亲兵"从单纯的纸上谈兵转而进入了实践阶段。

回溯《新政府纲领八策》的思想谱系，除了横井小楠以外，还可以追溯到对外国的情况很感兴趣的开明派幕府官吏大久保一翁和胜海舟。这两人的共通之处在于，他们都认识到为了对抗外国强大的国力和军事力量，日本必须设立海军，而为了组建强有力的海军，又

龙马史

必须将整个日本团结起来建立统一的政府。无需多说，从这种想法看来，大政奉还这一构想的出现也是水到渠成之事。

就是沿着这样的思想谱系，龙马最终走到了《新政府纲领八策》这一步。他通过河田小龙了解世界，通过胜海舟了解海军，又通过横井小楠了解到没有将军的政治形态。就这样，龙马的思想以及关于新政权组织框架的构想逐渐形成，他也开始为了实现这种构想而四处奔走。可以说，龙马尝试将日本建设成一个拥有议会和海军，以及切实可靠的经济政策的国家。

是倒幕还是大政奉还？

庆应三年（1867）六月，龙马把大政奉还构想和新型政治构想告诉了土佐藩的后藤象二郎，随即前往京都，参与《萨土盟约》的缔结，这是萨摩和土佐关于王政复古达成的协议。此时，缔结盟约的会场定在京都三本木的料理店吉田屋，其中出席会盟的有萨摩的小松带刀、西乡隆盛、大久保利通，以及土佐的后藤象二郎、福冈孝弟、寺村左膳、真边荣三郎等人，龙马与中冈慎太郎也陪同出席。

萨摩藩的倒幕立场逐渐开始明确，而土佐藩则向其提出了大政奉还、王政复古这类和平手段的建议。双方在王政复古不可动摇这一点上达成共识，关于计划具体的实施顺序也达成了合意，是为上文所说的《萨土盟约》。

土佐山内家在关原合战中作为德川家的盟友，领受了巨大的恩赐，成为二十四万石的大大名，因而对幕府具有深厚的亲近之情。在这一时间点，龙马行动的目的是让土佐藩倾向于支持王政复古。就缔结"萨土盟约"这一点而言，可以说他的目的已经圆满达成了。

土佐藩士、山内容堂的亲信佐佐木高行记载了《萨土盟约》缔结时的情形："此日才谷（龙马）曰，吾藩迄今几度变更藩论，故萨藩尚未解除疑念。（中略）才谷、石川（中冈慎太郎）两人也思考，若是由吾藩主导大政奉还等事，萨藩也定能信任。"

在萨摩一方看来，土佐迄今为止一直优柔寡断，没能下定"不惜武力倒幕"的决心，故而无法信任，这令龙马感到担忧。无论是谁都可以明明白白地看到，幕府早晚会走向穷途末路。如果土佐想要在接下来的政权中占据主导位置，就必须得到萨摩的信任，而且必须提出自己的政权构想，为削弱幕府出一份力。

如果由土佐方面提出否定将军权力的声明，那么随着土佐自己向王政复古的政策倾斜，萨摩的疑虑也可以一扫而光。龙马为此而四处奔走。

《萨土盟约》由四条内容构成，其中断定"王政复古毋庸置疑"，另外还有"国无二君，家无二主，政刑归于唯一之君主""居于将军之位，执掌政权，此乃天地间不应有之理也"等内容。这些表述都明确否定了幕府的存在。

大政奉还的"廊桥"

从大政奉还到王政复古的流程一直以来被视为联成一体的，但二者的意义当然有所不同。将朝廷赋予幕府的行政权力返还给朝廷是大政奉还，而建立以天皇为最高统治者的统一国家体制是王政复古。纵观从幕末至明治维新这一时代的转换期，比起大政奉还，我们应该将王政复古视为更具有划时代意义的事情。另外，历来还有一种说法，即认为大政奉还是德川庆喜以退为进、起死回生的奇策。这种说法认为，幕府一旦交回政权，萨长等藩打出的"倒幕"旗帜就没有意义了。而朝廷确实没有统治日本全境的能力，也没有能够被外国当作成熟政权予以承认的外交实绩。萨摩和长州说到底也只是一群乌合之众，最终会踏入进退两难的境地，或许不得不建立尊奉德川家为盟主的政权。有人认为这是庆喜做出的"高明的政治判断"。

然而，大政奉还是龙马通过后藤象二郎向庆喜献出的计策，很难说是庆喜积极筹谋的救命之计。虽然一般都认为大政奉还与武力倒幕是对立的两个概念，但其实并非如此。如果过于莽撞地提出用军事手段打倒幕府，像土佐藩这样亲幕府的藩就很难下决心采用行动。而若提出经由大政奉还建立新政权的构想，那么不仅是土佐藩，其他各藩也会相继卷入其中，最终在事实上将幕府消灭，这或许就是龙马在《萨土盟约》得以实现的这一阶段做出的构想吧。

当时在全国几乎所有藩内，舆论都呈现分裂状态。为了将立场动摇的诸藩尽可能地引上"倒幕"这条道路，首先要让幕府进行大政奉还。我们可以认为大政奉还是最终通向废除德川政权的"廊桥"。

一旦踏上了这座"廊桥"，前方就只有通往"倒幕"（打倒德川政权）这座建筑的道路了，因而武力倒幕终究还是会实现。龙马很可能就抱有这种"廊桥"的构想。当然，与直接倒幕相比，打倒大政奉还后实力减弱的幕府明显更加容易。无论如何，对于龙马来说，大政奉还都是迈向"废除幕府"的一大步。

激情龙马

阅读龙马的书信等资料就会发现，龙马可能也尝试过实现和平的政权交替。简单地说，龙马一边试图通过土佐提出的和平方案抽掉幕府的骨架，一边谋划武力倒幕。

庆应三年（1867）十月三日，后藤象二郎向幕府提

龙马史

交了大政奉还建言书。因为当时德川庆喜滞留在二条城，为了了解庆喜做出了怎样的决断，后藤象二郎于十三日动身前往二条城与之会面。在这次会面之前，后藤象二郎收到了龙马为激励他而写的书信。龙马写道，如果后藤象二郎回不来了，他就将带领海援队袭击庆喜，然后自杀。龙马甚至还写了一些威胁后藤象二郎的话，例如，如果后藤象二郎献计失败，没能抓住实现大政奉还的机会，这种罪过是上天所不能容忍的，他今后将无法苟活下去云云。

在成就大事之际表现出来的这种魄力和决心又展现了龙马的一个侧面。龙马绝非单纯的和平主义者，而是现实主义者，他明白在时代发生大变革的过程中，一定程度的牺牲是在所难免的。

民间流传着一种说法，认为龙马是温和的大政奉还论者，所以与以武力倒幕为目标的萨摩立场对立，结果遭到暗杀。但是，从上文探讨的龙马围绕大政奉还采取的举动来看，这种观点是很难让人认同的。龙马好不容易才在寺田屋事件中从幕府的迫害下逃生，虽然他本人逞强说自己没事，但其内心应该也已有觉悟，明白幕府将尽一切可能夺取自己的性命。除此之外，从龙马的书信中也可以看到，他与萨长协调将枪支运往土佐进行战争准备，这是毋庸置疑的。即便与萨长两藩的立场不同，龙马也依然是倒幕论者。

德川庆喜接受了后藤象二郎的计策，当天就在二条城内召集在京的四十个藩的重臣，告知其大政奉还的决定，并于翌日十四日向朝廷上呈《大政奉还上表》，在十五日的朝议中天皇下达了许可敕书，大政奉还正式实现。

箭在弦上，不得不发。时代的激流已汹涌奔向倒幕的方向，龙马也顺应了这股潮流。

第三章　龙马暗杀事件没有谜团

坂本龙马被暗杀的事件被认为是日本历史上最大的谜题。从庆应三年（1867）十一月十五日事件发生后直至现在，人们一直在探寻犯人及其背后的黑幕。现在，随着对史料与证言等资料进行综合考察，我越来越觉得犯人是谁已经几乎没有疑问了。

实际下手的组织通常被认为是受幕府支配的京都见回组。见回组与新撰组一样，是负责京都市中警备和治安活动的组织，其辖区是京都的北半部分，而南半部分则由新撰组管辖。

见回组是以旗本和御家人的子弟为中心组建的，比起由浪士组成的新撰组而言地位更高。新撰组是承包了搜查和揭发不法浪士这一工作的团体，而见回组则相当于现代日本的检察厅特别搜查部，其行动可能带有强烈的政治色彩。

第三章　龙马暗杀事件没有谜团

现在，认为是见回组以外的组织实际下手暗杀龙马的观点越来越少了。那么究竟关于龙马暗杀事件还有哪里存在疑点呢？对此进行整理，可以发现论点集中在两个方面。

其中一个疑问是"直接斩杀了龙马的究竟是谁？"另一个疑问是"究竟是谁在幕后命令这些暗杀者行动的？"如果存在黑幕，那么幕后之人应该是大名或者与之相近的实权人物，他们认为"龙马该死"，针对此事进行谋划并下达命令，因而龙马暗杀事件就成为基于高度政治性判断而实施的一次行动。司马辽太郎在小说《龙马风云录》的后记中写道："暗杀龙马的计划十分周详，但不太清楚究竟是幕阁内的哪位向见回组下达了命令。"他认为此事很有可能是基于高度政治性的判断，但仅仅提及这么一句便结束了该书。

关于究竟是谁下达了杀害龙马的命令这一问题，至今仍然众说纷纭。幸运的是，2009年菊地明和山村龙也两位编撰的《坂本龙马日记完本》（『完本　坂本龍馬日記』）这一大作的修订版出版，关于龙马的所有史料几乎尽收其中。

下面，我们就逐一检视这些史料，最终找出龙马暗杀事件背后真正的始作俑者。

一 新撰组黑幕说
——事后马上遭到怀疑之人

作案动机充分

在龙马被暗杀后马上被怀疑为犯人的是新撰组。这种观点认为,这次暗杀行动是由新撰组计划并实施的。在此简单说明一下,众所周知,新撰组在京都守护松平容保的领导下履行守卫京都治安的职责。由于其作为实际行动部队参与了池田屋事件等镇压反幕府势力的行动,所以从动机来看,新撰组下手的理由是充分的。

土佐藩的谷干城(日后的陆军中将,农商务大臣)在事件发生后立刻奔赴现场,他在现场遗留下来的物品中发现了新撰组成员原田左之助的刀鞘。另外,与龙马一起被袭击的中冈慎太郎留下的证词称有人一边用伊予方言大叫着"こなくそ"① 一边挥刀砍来,也让人断定这起事件是伊予出身的原田左之助及其所在新撰组的成员一起实施的。

庆应四年(1868)四月,新撰组局长近藤勇在下总

---

① 旧伊予国(今爱媛县)周边的方言,相当于"畜生""可恶"等,用于表达悔恨、愤怒等情感。

第三章　龙马暗杀事件没有谜团

流山被捕之际，谷干城主张对龙马暗杀事件进行彻查，包括对近藤勇进行拷问。结果，近藤勇身为武士没能获准切腹自尽，而是被处以斩首之刑。

然而，新撰组黑幕说是不成立的。新撰组在戊辰战争中战败，其原本的队员们被新政府逮捕，都接受了关于龙马暗杀一事的讯问，其调查书留存下来，其中横仓甚五郎的供述尤为重要，他说道：

> 对于讨伐（暗杀）坂本龙马之事一概不知。然，事后近藤勇言"对方"认为杀害龙马之人为新撰组，尔等切勿大意。

所谓"对方"就是指土佐藩和海援队。

另外，新撰组的最后一任队长相马主计在供述中说道："队内曾传阅洗清暗杀龙马之嫌疑的文书。"从近藤勇的口气来看，新撰组似乎并没有做过这件事。在这些证言的基础上，我们也发现并没有任何一个直接证据能够证明是新撰组实施了暗杀行动。

后文将要说到的是，谷干城认为属于新撰组原田左之助的刀鞘其实是见回组遗留在现场的，而且中冈慎太郎当时因失血过多而意识模糊，其证言并不可信。如果仅仅因此就认定新撰组是犯人，未免有些太站不住脚了。

二 纪州藩黑幕说
——更加具有动机的幕后之人

龙马做过的"恶事"

令人意外的是,纪州藩黑幕说更加具有逻辑上的合理性。纪州藩与龙马之间曾发生过金钱纠纷。海援队使用的"伊吕波丸"是四国的大洲藩出钱购买的,但这艘船在龙马被暗杀的庆应三年(1867)四月因与纪州藩的船只相撞而沉没。

普通人如果面对纪州藩这样的大藩肯定会十分恐惧,乃至忍气吞声;但龙马则不同,他向对方提出了关于该船及其所载货物的赔偿要求。

龙马通常给人一种飒爽的感觉,不过在处理这类交涉事务时,他不仅算不上飒爽,甚至可以说刻薄。在船只沉没,但沉船原因尚未明了之时,龙马就立刻拿出了《万国公法》,主张其中写有当船只快要相撞时的避让方法,将《万国公法》当作事故发生时主张己方行为在国际法上具有正当性的工具。这就像是企业的法务部门的所作所为。

纪州藩是御三家之一,藩内很多人都是不拘小节之人，并不习惯进行这种交涉，更为重要的是，他们非常讨厌伤及颜面之事。龙马就是看透了纪州藩这种"和金钱相比体面更加重要"的基本方针，从而逐渐握住了他们的要害。

最初，据说"伊吕波丸"上装载的货物是"米与砂糖"，但随着交涉进行，龙马一方转而宣称其上载有"枪支"。当时的步枪价格即便按高价来算也不会超过数十两，按照一支步枪为十两计算，就算船上载有五百支或者一千支，龙马也无法要求纪州藩付出巨额赔偿。觉察到这一点的龙马从某个时间点开始又说"船上还载有好几万两的现金"。当时的八万两相当于现在的两百四十亿日元，由此可知龙马有多么夸大其词。

进入平成时代，人们对当时沉没的"伊吕波丸"进行了海底考察。船上根本没有发现任何金块或者枪支，只有茶碗和酒瓶而已。因此，从这次海底考察就可以看出龙马究竟是一个怎样的人。此时龙马所为之事可以说是日本史上"最夸张的漫天要价"。就算是龙马，如果真的做了恶事，我们也必须承认其恶劣的性质。从纪州藩的视角来看，龙马的行为方式真的太过可恶了。

龙马虽然有飒爽的一面，但如同在这件事情中一样，如果他将对方视为敌人，那么就会展现出令人恐惧的一面，彻底将对方的金钱榨取干净。我希望大家能够冷静并

龙马史

公平地看待龙马的两面性。龙马为了促使交涉顺利进行，什么样的话都说得出口。

因此，在阅读记载龙马所说之话的史料时要格外留意。例如，即使龙马说"自己并未考虑武力倒幕"，那也有可能是出于某种意图而故意这样说的。龙马继承了才谷屋的商人血脉，其处世哲学与普通的武士截然不同。如果不考虑到这一点，就无法很好地理解龙马这个人。

所以，有些观点认为龙马只是一介单纯飒爽的武士，这并不是十分恰当的。龙马的本质是一个难以对付的理性主义谈判家，会根据对手的不同变换自己的说法和主张，尤其是为了达成自己的目的，能够纵横捭阖、推动交涉，这就是他的本领所在。

倾尽一藩财力的赔偿金

对于纪州藩来说，对手实在是太可恶了。龙马与纪州藩关于这次事件的问答记录留存下来，如果我们读了这些记录，就会觉得纪州藩太可怜了。在当时的语言中，"确实如此"（そうですね）是用"确然"（然り）来表达的，每当龙马提出了什么批评时，对方都只能说"确然"，每当龙马用《万国公法》作为自己的依据时，对方也只能说"确然"。纪州藩就是这样不断无奈地说着"确实如此，确实如此，正如您说的那样"，被龙马步步

第三章 龙马暗杀事件没有谜团

紧逼的。

当时海援队有一位原为纪州藩士的人叫作陆奥阳之助（宗光），他在明治二十年代出世担任外务大臣，是在甲午中日战争之后缔结讲和条约的大人物，但此时只是在龙马麾下工作的众多年轻人中的一个。

陆奥阳之助的父亲是一位国学者，原本也是纪州藩的要人，但在藩内斗争中失势。龙马很有可能根据陆奥阳之助提供的信息，完全掌握了纪州藩的痛处和弱点，并将其运用到交涉中。龙马之所以能成为"难以对付的谈判家"，就是因为他会充分利用任何可以利用的信息网络。

结果，这场交涉以龙马的压倒性胜利告终。纪州藩答应支付龙马等人约八万两的赔偿金，但这一承诺很难兑现。鉴于八万两并不是轻轻松松就能拿的出来的金额，这也无可厚非。

例如，鸟取藩是拥有三十二万五千石领地的大名，全藩藩士的俸禄总共为九万两。那么八万两在现在就相当于一个县的人工费总额，就算纪州藩是五十五万五千石的大藩，也无法轻易拿出来。

所以纪州藩确实有作案动机，他们在论辩中被一介浪人打败，不得不支付高额的赔偿金。后来赔偿金被减至七万两，赔付给大洲藩和海援队。此时代表纪州藩出面进行交涉的责任人被罢免，受到闭门反省的处分。这次事件对于纪州藩而言是十分屈辱的。

然而，完全没有任何迹象表明纪州藩曾下达"杀害"龙马的命令或是为此调动了执行人员。纪州藩哪怕有一点点付诸实践的动向，都会以证言或史料的形式留下痕迹，但实际上什么也没有留下。

被海援队误认为犯人

接下来纪州藩还有更可怜的遭遇。龙马被杀之后，海援队的人们在没有任何证据的情况下武断地认为"这肯定是纪州藩干的好事"，然后攻入了纪州藩御用人①三浦久太郎的住处。尤其是陆奥阳之助在此时带头叫嚣"讨伐仇敌，攻入府邸"，简直像是赤穗浪士②一般。

虽然龙马暗杀事件发生后立刻引起了上述这样的骚动，但到了明治年间，纪州藩黑幕说就消失了。恐怕连陆奥阳之助在明治年间也发现是他们自己弄错了吧。

顺带一提，虽然三浦久太郎在这时受了伤，但并未危及性命。到了明治时期，他改名为三浦安，担任了贵族院议员和东京府知事的职位。从这件事也可以看出，并没有

---

① 江户时代武家职位之一，是在主君身边管理日常生活的一般事务、主持家政的文官。
② 指为报旧主浅野长矩之仇，于元禄十五年十二月十四日深夜攻入高家吉良义央宅邸将义央及其家人杀害的原赤穗藩士大石良雄等四十七名武士。

证据能证明是纪州藩袭击了龙马，甚至可以反过来说，纪州藩才是"被海援队伤害"的可怜的一方。

三 土佐藩黑幕说
——犯罪动机并不成立

深受龙马之死困扰的土佐

相较而言，人们私下谈论更多的是土佐藩黑幕说，其中又分为后藤象二郎说与岩崎弥太郎说两种。然而，在龙马被杀这一时间点，没有哪个藩比土佐藩更加需要龙马的了。尤其是后藤象二郎说的动机中有逻辑不通之处。

后藤象二郎当时是土佐藩的参政（家老），与拥有实权的前藩主山内容堂关系亲近。他曾镇压土佐勤王党，将武市半平太等龙马的同志们逼上死亡之路，二人刚开始的关系绝谈不上友好。

但是，庆应三年（1867）正月，二人在长崎会面后意气相投，龙马在给同志的书信里写到"后藤乃近来之风云人物"，对后藤象二郎的才华赞不绝口。而后藤象二郎也认可了龙马的才能及其利用价值，双方开始深入交往。

在龙马暗杀事件发生之时，后藤象二郎正不断利用龙马的人脉影响政局动向，他为了建立以朝廷为中心的政权,并且尽可能提高土佐藩在其中的地位,而让龙马为自己奔走活动。

事实上,大政奉还的想法本是龙马率先提出的,而后藤象二郎通过将其作为政策建议上呈将军,提高了自己和土佐藩在京都政局中的地位。

有人认为,后藤象二郎为了将龙马的功劳占为己有而企图暗杀他,这种观点错得太离谱了。在这个时期,后藤象二郎完全依赖于龙马,不管发生什么事,都会马上给龙马寄信商量对策。龙马就如同土佐藩的参谋一样,此时如果失去了龙马,后藤象二郎和土佐藩会感到非常困扰。龙马之死会让后藤象二郎的政治力量下降。

土佐藩内很少有人能像龙马这样早已渗透进萨摩藩和长州藩的中枢,也没有人如同龙马一般能够描绘宏大的政局图景。因此,在龙马死后不久举行的小御所会议上,土佐藩完全没能发挥影响力,只能随波逐流地参加了倒幕战争。失去了龙马的土佐藩无法进行情报搜集和关系疏通,对于政局的规划能力也因此下降。我认为,龙马被杀后土佐藩陷入了困境才是事实。

近江屋对面的土佐藩邸

而且,后藤象二郎等人领导的土佐藩曾极力劝说龙马入住京都的土佐藩邸。这一点是暗杀细节中非常重要的地

第三章　龙马暗杀事件没有谜团

方,即龙马被杀的近江屋距离土佐藩邸非常近,脚程快的人十五秒左右就能到达。海援队队员们所在的位置也是一样的。

企图实施暗杀的人难道会专门给予目标人物忠告,让其进入自己的地盘吗?从这里也可以看出,后藤象二郎是在担心龙马的人身安全。

庆长三年(1867)三月,伊东甲子太郎一派与近藤勇对立,离开了新撰组,从他们这里传出了"龙马被盯上了"的消息。自他们投靠萨摩藩以来,很多情报都流入了倒幕一方,例如,此前在新撰组中流传着什么样的话,会津藩、桑名藩及会津藩属下的见回组有怎样的考虑,又有何企图,等等。

其中就包括"龙马被盯上了"这一事前就得知的情报。田中光显是出身土佐的陆援队①队员,与龙马也十分亲近,据他所说,伊东甲子太郎本人就曾对龙马提出"你有危险"的忠告。恐怕这一情报早就在土佐藩和萨摩藩内流传开来了。

此时,后藤象二郎忠告龙马,让他住在土佐藩邸内,但龙马拒绝了。拒绝理由大概可以想象,那就是不自由。出入藩邸的手续十分严格,再加上龙马对藩邸有不好的记忆,他在年轻时曾与另外两人一起挤在藩邸的一个房间

---

① 庆长三年由土佐藩的中冈慎太郎在京都组建的军队。

内。由于龙马在土佐的家是城下屈指可数的富有人家，房屋宽敞，当时他的心理落差应该相当大。藩邸内还有上士飞扬跋扈，龙马想必过得十分憋屈吧。

龙马之所以是龙马，是因为他总是给人写信，与人会面，自由自在地活动。这对龙马来说是十分重要的，而一旦踏入藩邸大门一步，无论去哪里都要提交申请或是让守门人开门等，无法随心所欲做自己想做之事。

在这一时期，龙马常在半夜前去与担任幕府大目付之职的永井玄蕃（尚志）相会并进行密谈。如果入住藩邸，这种会谈也会受到限制。

在被杀的前一刻，龙马还对来到近江屋的友人说了句"辛苦了"。龙马就是这种喜欢交际的人物。

入住土佐藩邸会导致无法获得情报，无法与朋友打招呼，也很难在半夜与人相会。因为行动会受到制约，所以龙马没有选择入住藩邸，而是继续过着危机四伏的町屋生活。虽然后藤象二郎劝说龙马"太危险了，放弃吧"，但龙马依然不为所动，继续住在与土佐藩邸一墙之隔的难以警戒的酱油铺（近江屋）二楼。从这种举动来看，土佐藩（后藤象二郎）黑幕说很难成立。

岩崎弥太郎与龙马是刚认识的吗？

还有一种说法是岩崎弥太郎"杀害了自己的对手龙

第三章　龙马暗杀事件没有谜团

马",这也是令人不可思议的观点。鼓吹岩崎说的人认为,如果岩崎弥太郎杀了龙马,就能将长崎贸易等利益掌握在自己手中。但商业利益并不一定会这么简单地成为岩崎弥太郎的囊中之物,因为海援队中多的是能够接替龙马的第二号、第三号人物。从史实来看,龙马被杀之后,土佐藩经营的买卖并没有马上转到岩崎弥太郎手中,而是经过了相当长的一段时间。

如果龙马与岩崎弥太郎之间的关系不好,那这种说法还情有可原,但正如日本放送协会(NHK)的大河剧中所描绘的那样,二人的关系并不差。根据史实,岩崎弥太郎并非龙马的发小,而更可能是龙马死前八个月左右才认识的熟人而已。读者千万不能相信电视剧里的情节,认为两人是从小一起长大的朋友。

虽然说土佐的城下町①很小,并不能断言二人此前没有见过面,但至少他们的生活圈子是不同的。从岩崎弥太郎的角度来看,龙马家是土佐屈指可数的富豪人家,岩崎弥太郎或许对龙马家的事情早有耳闻。另外,岩崎弥太郎以秀才之名为人所知,龙马可能也听过他的名字,但两人的关系绝没有亲密到总角之交的地步。

与电视剧里呈现的不同,岩崎弥太郎并没有因为对手

---

① 指土佐藩本城高知城周边的城区。

是龙马而感到自卑，并且对龙马怀有嫉妒之情。

我发现所有的龙马暗杀说中都有这样的错误，那就是将本不应被视为对立关系的人和事对立起来，从而人为预设谁是犯人。下面将要介绍的萨摩藩黑幕说也是如此。

四　萨摩藩黑幕说
——常常被人怀疑的集团

受到"他者意识"影响的萨摩

上文介绍的几种观点都缺乏动机和实施迹象，但论证起来最麻烦的还要数接下来的萨摩藩黑幕说。这种观点之所以存在，有以下几点理由。

首先，第一个理由源于"萨摩藩好像在策划阴谋"的这种印象。人总是会对自己集团以外的人持有"他者意识"，容易怀疑"这些人是不是在做什么奇怪的事情"。在幕末时期，很多日本人也对萨摩藩持有这种"他者意识"。

相反，幕末时期的人们对于长州藩却没有这种"他者意识"。京都和大坂的市民对于长州藩表现出了惊人的同情心。元治元年（1864）七月，发生了蛤御门之变（禁门之变），这是长州藩为了扭转政局而进攻京都的事件。因为长州藩向御所开炮，整个京都被烧为灰烬。

第三章　龙马暗杀事件没有谜团

这被称为"铁炮火灾",但令人不可思议的是,事件发生后马上就有传言称,是会津藩和萨摩藩的人在京中四处点火,可见京都人对这两个藩的厌恶之情已经到了如此深切的程度。

这一现象的背后有地域的原因。京都人对于同为濑户内海地区的长州藩抱有亲近感,但怎么也没办法喜欢上说着一口东北方言的会津人。新撰组的成员大多是关东口音,于是也被称为"壬生浪士"而得不到同情。当时的日本还处于一个地域差别非常显著的时代。萨摩藩士的发型和衣着等与众不同,连腰带也是特别的兵儿带①,一看就知道是生活在不同文化下的人,以至于人们对萨摩藩士根本不可能产生任何共鸣。以上就是第一个理由。

萨摩与会津的杰出能力

萨摩藩被怀疑为阴谋家的另一个理由是,他们拥有杰出的情报搜集能力和政局主导能力。在这里,首先非常重要的一点是犯罪者究竟有没有能力实施犯罪。在庆应年间的京都,除了萨摩藩与会津藩,再没有其他人拥有可以实

---

① 原本是日本男式和服的一种腰带。萨摩藩的年轻男子被称为"兵儿",他们平日穿着的和服就使用这种腰带,明治维新后这一萨摩风俗传入东京并流行开来,现在除了男式和服之外,儿童的浴衣或女式和服也广泛使用这种腰带。

现任何阴谋的强大执行能力。

当时,皇族中有一位中川宫朝彦亲王,他在明治维新后改名为久迩宫朝彦亲王,担任伊势神宫的祭主,在二战后成为总理大臣的东久迩宫稔彦亲王就是他的儿子。

朝彦亲王的性格十分严谨,日记也写得非常详细。从他的日记及其他公家的日记中,我们可以分析出幕末时期诸藩的政治行动力。例如,他们在何种程度上能够从朝彦亲王这里获取情报,并且利用被称为"入说"(让别人采纳自己的意见)的方式左右其观点。

会萨两藩拥有杰出的行动力,他们频繁与各种人物接触,关于政局进行细致的秘密商议。

萨摩藩在京的领导集团里有西乡吉之助(隆盛)、大久保一藏(利通)、高崎正风等非常优秀的人物,另外后文也将讲到,会津藩也将众多有能力的人才送往京都进行活动,其中就有手代木直右卫门胜任、秋月悌次郎等人。

为何这两个藩有能力向京都源源不断地输送有能之人?要解开这个谜题,就不得不考察会津藩和萨摩藩的人才养成与录用机制。在从幕末时期的京都政局出发思考龙马暗杀事件时,这两个藩的人事背景也是极其重要的因素。

此二藩在从藩士中吸纳人才方面都十分成功。一般来说,到了幕末时期,身份低微却具有才能之人在很多藩都有了更多获得提拔的机会,但会津藩和萨摩藩比其他藩更热衷于吸引人才,他们竭尽所能地发掘有能之人,并让其在实践中发挥作用。

会津藩的人才活用

在幕末动乱时期的约八十年前,会津藩在天明大饥馑中遭受重创。该藩在德川吉宗时代处于巅峰时期,拥有将近十六万人口,但由于饥馑,人口减少了三成左右,最终降到了十万,当时的局面恐怕宛如人间地狱一般。人口的减少也与年贡收入的降低直接相关。

正当会津藩因财政状况恶化而束手无策之时,出现了一位天才家老,他就是田中玄宰。他的后裔田中清玄也是个厉害人物,二战前曾为武装共产党委员长,二战后又以政界调停者的身份为人所知。田中玄宰以熊本藩为榜样,首先进行了人才登庸制度的改革。

熊本藩将藩士们安排在藩校里接受教育,从中吸收秀才,将其安置于藩内重要职位上,这就是熊本藩的人才任用制度。田中玄宰从熊本藩请来一位叫作古屋昔阳的学者担任政治顾问,建立起名为"日新馆"的学校,在这里进行精英教育。而且,他没有仅仅停留在建立学校这一层面,而是对如何充分利用这些人才进行了思考。

江户时代官僚的工作制度是所谓的"月番制",也就是说,以老中为首的各种职位每月都由不同的人就任,他们交替履行职务。这既是行政效率低下的原因,也会导致官僚缺乏责任心。因为一旦到了下个月,就会由别人接手,所以责任划分不清,工作就会被拖延下去。田中玄宰发现了这个弱点,于是采用了新的方式。

他留下了这样的名言:"如今之藩政犹如棋子未落于棋盘之点上,人无定职不受瞩目则不思行动。此乃不振之因。"田中玄宰制定了职责分配制度,如军队负责人或街市负责人等,明确了责任所属。这在江户时代是一项巨大的改革。

会津的邻藩米泽也树立了一个良好的榜样。至今仍受人欢迎的米泽藩主上杉鹰山效仿熊本藩进行改革并获得了成功,鹰山的改革正是从他与熊本藩主细川重贤的谈话中诞生的。

日本最初的管理教育

效仿熊本藩,会津藩开始进行彻底的精英教育。在此之际成立的日新馆可谓是日本最初的管理教育机构。虽有很多藩都进行了熊本藩式的改革,但没有哪个藩像会津藩这般严格执行的。会津藩制定了规范藩士德行的条目——"六科纠则",例如要"向父母行孝""向主君尽忠"等,要求藩士以此为行为规范。而能够遵照这一标准行事的人就能得到提拔,就任藩之要职。"六科"就意味这六条行动准则。这种方法类似近代日本基于教育敕语的学校制度。

在近代的民族国家,国家有时会通过制定目标项目来为国民指明他们应该成为何种人物,致力于培养符合其标准的人才,并将能够完成这些项目的人评价为优秀之人。这些项目规定的全是为国奉献的德行,并不会有类似"哪怕白天打瞌睡也行,去创作出色的艺术作品吧"这样的要求。说到底,就是要培养"能够早起勤勉于学,为国尽忠,不惜战死之人"。会津藩比其他任何藩都更为系统地进行了这种教育,日新馆中源源不断地诞生了这种被灌输了"六科纠则"的秀才。

恰在此时,幕府老中松平定信也有了相同的想法,着手强化昌平坂学问所,修建聚集各藩秀才的宿舍,也就是书生寮,让他们在此相互交流,并在一流学者门下学习。虽然实际情况多有差异,但就精英教育这一点来看,书生寮可以与法国的大学校(grandes écoles)① 相比拟。

会津藩选拔的秀才们也进入了书生寮,该藩人才辈出

---

① 又称高等教育学院,不同于大学(université),有时中文也译作专业学院,是法国教育不同于全球教育发展的一种表现。相对于综合性大学而言,其专业性更强,更重视教学与实践的结合,以培养社会各界人才而出名。

的程度超乎我们的想象。这些秀才们通过昌平坂学问所扬名全国，成为全国顶尖的人才，跟随在幕末动乱时期担任京都守护职的会津藩藩主一起进入京都，成为各种活动的中心人物。

利用少年团培养人才的萨摩藩

另一方面，萨摩藩也从很早就开始向熊本藩学习，建立了藩校——造士馆。不过，萨摩藩的有趣之处在于，他们不仅会登庸藩校内成绩优良之人，而且会根据平时的行为来选用人才。这是因为萨摩藩有一位"不拘一格降人才"的藩主，他就是导入了殖产兴业政策并参与幕政、被称为明君的岛津齐彬。就是他将西乡隆盛提拔到自己身边的。

在萨摩藩中，没有谁能比西乡隆盛更加目光敏锐了。加治屋町是西乡隆盛从其孩童时代起就一直生长于此的地方，他从这里的伙伴中不断发现人才，如大久保利通、大山弥助（即大山岩，西乡隆盛的表兄弟）等，成为推动明治维新的原动力。

为何西乡隆盛会知道这些友人或亲戚家小孩的能力如何呢？那是因为他们自儿时起就接受了乡中教育。在这种教育模式下，他们结成一种类似少年团的组织，其中年长者教育年少者，并且不只教授知识，更注重培养判断力，

第三章　龙马暗杀事件没有谜团

可以说,他们是在非常实际的教育中成长起来的。

乡中教育并无固定的校舍,每天早上少年们在练习了示现流的剑术之后便集合起来,前往武士住宅或寺庙请求借用一日,将那里用作临时的教育场所。在他们的教育中,培养判断力的"诠议"占据了重要地位。所谓"诠议",就是一种案例教学,前辈们会询问如果发生了某种情况他们会如何处理,小孩子们按顺序进行回答。

例如,如果主君将藩内紧急事务委托于你,但哪怕骑最快的马也无法及时完成,那该怎么办呢?对此孩子们给出了各式各样的回答,其中,日后成为文部大臣并导入学制的森有礼留下了有趣的答案。据说当时还小的森有礼迈着小碎步快速走到前辈面前,回答道:"骑上马后,用针扎马的后面,这样马就能跑得更快了。"

类似这样的问题被不断给出答案。又例如,在街上走时被路人甩了一身泥该怎么办?如果主君与自己的父母同时罹患不治之症,但只有一人份的药物可以用于救治,又该怎么办?顺带一提,后一个问题的正确答案被认为是,不顾父母而将药物献给主君。

像这样不断通过"诠议"进行教育的做法即所谓的乡中教育。关于谁会做出何种回答,这一集团内的成员们均了然于胸。或许萨摩藩士的思维模式中具有较高的"多预案"应对能力,即事先就已经准备好在某种场合或是发生了某种情况时应如何应对的方案。因此，他们在直面危机之时可以很快做出反应。他们接受的教育不是培养累积知识的记忆力，而是培养应对事物的判断力。

萨摩的孩子们，包括维新志士的下一代都接受了这种教育，例如直到大久保利通的次子牧野伸显一代也是如此。牧野伸显在第一次世界大战后的巴黎和会上担任日本的次席全权大使。

这样的教育很容易被认为是萨摩特有的形式，其实不然，在战国时代的日本，同样的修行广泛流传。阅读武家文献可知，被称作"夜话"的修行便是人们围坐在一起，围绕一些在实战中很有用的问题进行问答。然而，随着时代变迁，这种教育在日本各地逐渐消失，演变为只知死板阅读《论语》中"子曰……"却不解其意的形式主义教育。这样一来，就没有办法以判断力和灵活的发散性思维为着眼点来选拔人才了。

无论如何，在确保获得优秀人才方面获得成功的会津藩和萨摩藩，都发挥了各自的谋略主导着京都政局。两藩的风格差异极大，可以说会津藩实施的是近代型精英教育，而萨摩藩进行的是从战国时代一直延续下来的教育。

暗杀机会要多少有多少

关于龙马暗杀事件有萨摩藩主使一说，但这种说法最奇怪的一点是，很多人都认为执行暗杀的主体是见回组，而见回组是会津藩支配下的组织。即便如此，还是有人认为萨摩藩专程动用见回组杀死了龙马，怎么可能有这么荒唐的事情呢？萨摩与龙马亲近，故而当然知道龙马的居所位置。

如果萨摩想杀龙马，完全没有必要如此绕弯子，直接叫来龙马便是。将龙马叫到萨摩藩邸来，在其回去途中出其不意将其斩杀，就可以神不知鬼不觉地简单了事。萨摩藩内有很多剑术高强之人，比如被称为"斩人半次郎"的中村半次郎（桐野利秋）等，又何必利用敌对的见回组来暗杀龙马呢？

更重要的是，在离土佐藩邸只有一步之遥的近江屋袭击龙马，援兵及时赶到的可能性很高，具有很大的风险，哪怕有一点耽误，执行者便难以全身而退。倘若这种观点承认是见回组执行了暗杀，那么就必须说明为何萨摩会做出如此迂回冒险之举，但我们并没有看到相关说明。因此，无论从哪个方面来看，萨摩藩黑幕说都是不成立的。

萨摩也在推进大政奉还

话说回来，萨摩藩黑幕说为萨摩藩暗杀龙马强加的动机也难以令人信服。其举出的理由大多是"龙马推动大政奉还，阻碍了武力倒幕的前途，被西乡隆盛和大久保利通视为阻碍"。然而,大政奉还是萨摩藩一起向幕府提出的建议。

在这里,首先必须考察一下萨摩藩借大政奉还向幕府施压的想法。事实上,萨摩藩非常赞同"不排除武力倒幕的大政奉还论"。庆应三年(1867)六月以降,土佐藩、萨摩藩和安艺广岛藩就大政奉还的实现完全达成统一行动。虽然在这一期间,土佐曾提出不向京都出兵、保留将军职位等条件时,一度打乱了三藩的统一步调,但到了十一月庆喜同意大政奉还之时,土佐的后藤象二郎、萨摩的小松带刀、安艺的让将曹三人联合向幕府老中板仓胜静施压,甚至一同前往手握朝廷摄政之权的二条齐敬府邸。

他们三人再加上福冈孝弟,一同威胁摄政二条齐敬,让朝廷同意承认大政奉还。换言之,实现大政奉还、推动朝廷的政治和王政复古的运动是萨土艺三藩共同作战的成果。萨摩并没有对龙马等人提出的大政奉还不情不愿,反而亲自出面将其促成。对于萨摩而言,龙马不仅不是阻碍,还是不可或缺之人。在这里必须要明确的一点是,龙马对于武力倒幕的态度并没有达到反对的程度。虽然龙马的思想摇摆不定,时而期望武力倒幕时而试图避免,但从龙马所持的观点来看,他最终并不是与武力倒幕对立之人。

下面我们简单梳理一下龙马在被暗杀之前的思想。龙

第三章　龙马暗杀事件没有谜团

马的主张首先是要建立一个以天皇为中心的政权，在这一点上，龙马与萨摩藩都是相同的。在建立政权的过程中，考虑使用武力打倒幕府是萨摩藩的想法，而尽可能避免这种态势则是龙马的想法。

然而，如果阅读到庆应三年（1867）夏季为止的龙马书信，就可以看到龙马现实主义的一面。他认为"战争已经打响，此乃必要。亦不辞武力倒幕"，积极地向土佐藩运输枪支。

龙马也预感到与幕府难免要决一死战，故而在书信中写下"埋葬将军家"的语句。他还于庆应三年写道："即便牺牲，若是西乡与大久保（一翁）能为我祭上线香，则死得其所。"可以想象龙马已经做好了相应的思想准备。

龙马在被暗杀前不久还给出身广岛的医生，同时也是自己友人的林谦三（后来改名安保清康）写信说"大兄今且保重性命"，"方向已定，无论修罗还是极乐，愿与君共赴"。简言之，龙马断言了今后可能迎来战争持续不断的世道，乃至谈到了自己的后事。

林谦三留下证明龙马此时所想的话语："（龙马）难以确言战争大小，然确信必然开战。"（『男爵安保清康自叙传』）可见龙马已经做好了为倒幕而战的心理准备。事实上，林谦三就是在戊辰战争开始后崭露头角的，他乘上萨摩藩的军舰参加了"阿波冲海战"。

龙马史

在越前举行的"倒幕"会谈

另一方面,龙马也曾说过想要避免武力倒幕,但这是在如下特殊情况下的发言。在被暗杀的十五日左右以前,龙马为了与福井藩前藩主松平春岳(庆永)的近臣三冈八郎(后来改名由利公正)会面而前往福井,上述发言就是在这时做出的。

龙马于此时前往福井的理由非常明确,其一就是为了让庆喜辞去将军一职。在到达福井的十月二十八日,龙马首先会见了村田巳三郎(氏寿),后者是松平春岳的近臣,是尽力推动大政奉还实现的人。

《越前藩幕末维新公用日记》中详细记载了龙马与村田巳三郎的会面情况,其中提到龙马所说的"小松、后藤等,感怀上样之御反正"一语,其中"上样"指德川庆喜,"御反正"指回头走上正道。简而言之,庆喜响应大政奉还的号召就是浪子回头,或者说龙马认为庆喜在此之前的行为都是不正确的,只有在响应了大政奉还的号召之后才算步入正轨。

龙马曾在信件中写到,如果大政奉还不能顺利进行,他就将带领海援队伏击庆喜,在路上将其斩杀。然而,庆喜在中途听从了自己的建议,愿意奉还大政,龙马感念于此便说道:"决心奉助此君,除此以外别无他念。"这说明龙马下定决心要成为庆喜的盟友，助他一臂之力。

然后，在此基础上，龙马又提出"敬请（庆喜）辞退将军职"，也就是让庆喜连将军一职也一并辞任。

仔细阅读这些内容就可以明白，龙马的目的并不是帮助庆喜，而是将其从将军之位上拽下来。龙马虽在和平氛围中发表倒幕论，但在消除幕政和将军这一点上，龙马的思想从未变过。

"银两先生"三冈八郎

龙马前往福井的第二个目的，也是十分重要的目的，就是让新政府接手被交出的政权，并使其能够在现实中存续。就现状来看，德川家拥有庞大的领地，也握有实质的外交权。即便奉还了大政，（旧）幕府相对于新政府而言仍然拥有压倒性的力量优势。此外，更重要的是货币发行权的问题。只要有钱，就随时可以从海外购入武器、引进先进技术，也可以雇佣外国人员。如果让由德川家掌握货币发行权的现状继续下去，幕府就有可能变得比现在更为强大。龙马清楚地认识到了这一点，并试图采取措施。

在这一阶段对于货币发行权的恐怖之处有深刻理解的就是龙马与三冈八郎二人。三冈八郎是整个日本国内最了解发行货币和政府运作的人。如果向他求教，就能知道如何确立货币政策才是最好的。更通俗地说，三冈八郎虽不

龙马史

是"日元先生",却是相当于那个时代的"银两先生"的经济学家。① 知道三冈八郎这一才能的龙马专程前往福井去会见他。

龙马在此时与三冈八郎的谈话被记录在《由利实话》《由利公正谈话》两书中。不过,需要注意的一点是,这次会谈是在特殊环境中举行的,那时三冈八郎正处于幽禁中,在二人的谈话现场还有两名进行监视的目付②在场。

龙马与三冈八郎结束会谈后从屋里走出来,一同听了谈话的目付出渊传之丞从其后快步赶上来笑言道:"有目付在场,竟公然谈论谋叛之事,实在太不体谅人了。"说罢归去。因此,我们一定要明白二人所谈之言是在有监视的情况下说出的。龙马不停重复"庆喜公伟大,庆喜公伟大"这样的话,就是出于这个原因。

会谈一开始,三冈八郎开门见山地向龙马询问:"是否已准备好开战?"对于幽禁中的三冈八郎而言,最想询问的就是这件事情。如他这般人物,立刻就觉察到战争即

---

① "日元先生"指日本当代著名经济学家榊原英资,曾在20世纪90年代任日本国际金融局局长,调控汇率政策。幕末时期日本的货币还不是"日元"而是银两,故而作者在此把与货币和经济相关的专家称为"银两先生"。
② 江户时代隶属于目付若年寄、负责对旗本和御家人进行监视的职位。

第三章 龙马暗杀事件没有谜团

三冈八郎

将爆发的情势，因为他在这一时间点已经明白武力倒幕难以避免了。对此，龙马回答道："没有，如果能够避免战争，那才是更上之策。"这是他考虑到有目付在场而做出的回答。三冈八郎进而提问："那么，如果开战，是否会逃？"龙马答道："那不可能。"

得到强化的幕府海军

若是此时开战，不难想象战况将十分激烈。虽然史料没有记录下此时龙马的具体想法，但他应该想象得到，即便新政府军在陆战中一度胜利，但要想攻陷江户肯定还会反复发生大规模的战斗。更何况，幕府海军比起长州征伐之时又有了很大幅度的增强。此时的幕府海军拥有军舰

龙马史

"开阳丸",而且正进入与国外进行装甲舰进口交涉的阶段。龙马或许已经考虑到,此时倒幕一方将很难像长州征伐时那样轻易地战胜对手了。

幕府斥巨资开国数年,早已不可同日而语,已然建立起日本最强的海军。亲自率领军舰的龙马对于这一点再明白不过。虽然事实上由于庆喜丧失斗志,旧幕府海军并未发动大规模的海战,但只要他们有此想法,那就必然会演变为一场恶战。

如果自己的船只被最强的幕府海军击沉,那龙马就将回天乏术。或许其真实的想法是尽可能让海援队的船只逃到虾夷地①去吧。而届时他努力支持的朝廷又只有十万石左右的领地,其资金能够支撑到何时也尚无定数,更不可能拥有自己的海军了。

江户时代全日本的石高共约三千万石,其中有八百万石属于幕府。与此相比,朝廷只有十万石,即双方经济基础的对比是80∶1。再加上谱代大名和亲幕府的仙台藩和米泽藩等外样大名的领地,幕府方面就更加强大了。在掌握货币发行权并建立朝廷的常备军之前先不要与幕府开战,这或许就是龙马此时的想法。

如果自己能从纪州藩那里催缴八万两的赔偿金,就可

---

① 即北海道。

将其充作军费了，但这笔钱暂时还拿不到手。那么，就只有"无中生有"了，究竟要如何确保朝廷的资金来源呢？

通过搜集阅读史料，就可以得出结论：如上内容就是龙马在被暗杀前的所思所想。

发行金札的计划

与龙马进行会谈时，三冈八郎说道："整顿军备第二点，即最重要的是让'天下之人气'倒向朝廷。"当时的"人气"不仅有"支持"的含义，而且拥有近似"经济实力""向心力"的意思。换言之，必须让人心向着朝廷，只要集中"人气"，无论如何都能推动新政府的发展。这就是三冈八郎的主张。

要集中"人气"，就必须发行金钱，构筑经济基础。只要有了金钱，无论是海军还是陆军都可以后来再着手组建。要言之，新政府要发行"金札"，将货币发行权从德川家手中夺过来。这件事在新政府成立后，经由负责会计事务（担任其后的财务大臣）的三冈八郎之手得以实现，政府发行了臭名昭著的"太政官札"。的确，朝廷和天皇在日本人中拥有压倒性的信誉，人们在无意识之中都觉得以朝廷为中心的政权肯定能够建立起来，只要得到天皇的背书就能获得权威性。

天子发行的货币拥有一定程度的信誉。在江户时代各藩的领地内都有只在各自的领内流通的藩札，这就为人们轻易接受天子发行的新货币提供了心理基础。

龙马从"银两先生"那里得授维持新政府存续的秘诀，想必自信满满地回到了京都。因为原本这次越前之行的目的就是为新政府方面的资金存续做准备。从这一点来看，龙马实在是个懂得抓住要点的人，也是常常先人一手的实干家。

天平的两端——战争与和平

一方面，龙马打心眼里不希望幕府与新政府发生武装冲突，但另一方面，他又对林谦三说："我认为战争已不可避免。"关于事态演变为战争时会怎么办的问题，龙马似乎考虑先将海援队的船只撤往虾夷地，暂且观察事态变化。林谦三也证实从龙马处听闻了这一计划。

龙马为避免武力冲突而竭尽全力地进行斡旋，这恐怕是事实。不过，倘若在用尽一切努力后事情仍然不能顺利进行的话，他也做好了开战的觉悟。龙马在做好两手准备的情况下推进交涉，这一点是不容忽视的。

对于萨摩藩而言，龙马的存在本身就是值得庆幸之事，毕竟他已经利用土佐藩达成了大政奉还的目的。虽然有人相信大政奉还后就失去了倒幕的名义这种说法，

第三章 龙马暗杀事件没有谜团

但如果确实如此,那么倒幕运动在这一时间点就应该停止了才对。然而,事实上倒幕运动不仅没有停止,反而愈演愈烈。从萨摩的角度来看,打倒大政奉还(进而是庆喜辞去将军一职)后的幕府远比打倒原来的幕府容易得多。

龙马与幕府进行的交涉,相当于使幕府逐渐丧失政治影响力的条件斗争①,并不会成为萨摩的阻碍。连龙马自己也觉得萨摩执意要发动战争,已然放弃了一半,只是姑且再继续尽自己的努力搏一把。如果他在此咬牙坚持一下,土佐藩在新政府内就能确保一定程度的主导权,因此,如果真的开战,龙马也打算说服土佐藩参战。若非如此,就无法解释为什么他自夏季开始就大量向土佐藩提供武器了。

正如他对林谦三说的"无论修罗还是极乐"那样,龙马一边在心里想着开战后要拼死战斗,一边又在嘴上为避免战争而不断游说着。

这就是十分接近真实龙马的形象,也就说明武力倒幕论与龙马的思想之间并没有那么大的差异。如果硬要说这是龙马的自我矛盾那也没办法,但从其行动来看,龙马明

---

① 指在劳动争议等谈判过程中,给出一定的条件,如果对方接受,则谈判结束的一种谈判战略。

显具有武力倒幕的意识。对于萨摩藩来说，完全没有必要杀掉为削弱幕府力量而四处活动的龙马。

荒唐无稽的阴谋论为何产生

上文针对各种各样的说法进行了检证，其中比较能够服众的大概也就只有纪州藩黑幕说而已。然而，相信现在读者也已经明白，纪州藩黑幕说是不可能成立的。

鼓吹暗杀龙马阴谋论的人往往具有某种倾向，那就是根据与自己所属集团的距离感来决定阴谋的内容。例如，有人认为自己出身地所在的藩就是幕后主使，也有人因在戊辰战争中败给萨长付出了惨痛代价而鼓吹萨摩藩黑幕说。常言道，胜者书写历史，这在我看来是弥天大谎。的确在战争刚刚结束时是胜者书写历史，但稍过一段时间，就轮到败者试图创造历史、改写历史了。遭受损害的一方会更加执着于历史，因此对于"胜者书写历史"这句话不能囫囵吞枣地理解，而是有必要进行反思的。如果能够虚心坦诚地研究留存下来的史料和证言，应该能够发现有所不同之处。

如此一来，读者自己就能发现龙马暗杀事件背后真正的始作俑者了。

那么，真正的幕后之人究竟是谁？我认为其存在于幕府一方的势力之中。

第三章 龙马暗杀事件没有谜团

五 幕府内的种种立场

彻底对抗倒幕派的会津和桑名

在锁定黑幕的始作俑者以前,有必要先了解一下幕府方面要人们的立场差异,否则就会误认为德川方的人全部都是团结一致、朝向一个方向前进的。这一时期的幕府内部大致分为三种立场。

首先是为大政奉还而苦恼的立场。持这种立场的是任京都守护职的会津藩和任京都所司代的桑名藩。会津藩主松平容保和桑名藩主松平定敬是一对亲兄弟,一直以来都与萨长两藩不和。会津藩自其初代藩主保科正之的时候开始就认定,天下应在将军的统治之下基于朱子学式的秩序得到稳定;事到如今,萨摩和土佐却提出让天皇治国,这是会津和桑名两藩难以轻易接受的。

诚然,会津藩也认为天皇是国家体制的中心,但他们同时也认为德川将军辅佐天皇的政治形式是正确的,所谓以天皇为中心的新政府不过是萨长两藩想要将政治的主导权握在自己掌中而一手策划的骗局罢了。这种情势分析实在恰当到位。因此,为了不让事态发展到这种地步,他们经常利用手下的见回组和新撰组紧盯着反幕府势力的一举一动。

中庸派的将军庆喜

其次，就是态度温和的德川庆喜以及老中首座板仓胜静等人的"中庸派"。板仓胜静是一个非常和气的人，属于擅长顺应时势、调节各方关系的人物，但也被认为在有突发事件时缺乏决断力。

板仓胜静一边与庆喜商量一边处理政务，而庆喜从一开始就认为"不得不将政权还给天皇"，他也认为"这是没有办法的事"，于是召集诸藩重臣，在庆应三年十月十四日进行了大政奉还。他们属于幕府内部能够接受大政奉还的一派。

虽然能够接受大政奉还，但是板仓胜静对于大政奉还还是心有不甘。更何况，如果被迫"辞官纳地"，失去迄今为止拥有的土地和官位等一切资本，回到一无所有的状态，那是他无法接受的。即便德川幕府这一组织框架不复存在，他们仍然尝试寻找让德川家继续作为日本政治的中心存续下去的方法。

庆喜这个人最厌恶的便是在历史上留下恶名。大正时期，《德川庆喜公传》一书出版，这本书描写了庆喜在幕末时期是如何正确地做出决断、辞去将军一职的。之前本书曾提及龙马在越前藩与庆喜会谈之际曾说过"决心奉助此君"的话，也就是说龙马说要帮助庆喜。但这句话在《德川庆喜公传》中则变为"誓为此君奉上一命",即龙马说自己宁愿献上性命也要帮助庆喜。然而,龙马真的说过如此程度之深的话吗?这一点尚存疑问。《德川庆喜公传》对于历史学家而言是一部非常麻烦的史料。因为越是调查就越能发现,该书中充斥着试图推翻同时代对于庆喜不利的史料的说法。

现实主义者永井玄蕃

和庆喜和板仓胜静相比,更能够理解龙马等人的是永井玄蕃(尚志)。永井玄蕃以一介旗本出身,却出人意料地平步青云,是一位现实主义者。其名讳"尚志"一般训读作"なおのぶ"(Naonobu)或"なおむね"(Naomune),但似乎永井家将其读作"なおゆき"(Naoyuki)。此时,永井玄蕃从大目付的职位进一步高升,就任可谓是旗本的最高官职——若年寄(庆应三年十二月正式就任)。虽然在戊辰战争后永井玄蕃一度锒铛入狱,但他在被赦免后就担任了元老院权大书记官。他的玄孙就是作家三岛由纪夫。

永井玄蕃深知,此时此刻幕府已穷途末路,虽然尚残存有出色的海军、外交权和经济基础,但一旦战争打响,幕府就无能为力了。龙马前去会见永井玄蕃就是为了以此为威胁:"试问您有胜利的信心吗?""难道不是进行大政

龙马史

奉还更好吗？"如此一来，正中龙马下怀，德川幕府果然放弃了政权。

对于听从自己所言的人，龙马一向难以忘其恩义。在与永井玄蕃的会谈中，针对"顺便一问，新政权将给庆喜公何种待遇"的问题，龙马似乎回答会争取让其就任关白一职。前越前藩主松平春岳的侧近中根雪江在日记中记述道："私云。窃接龙马秘策，持论内府公关白职之事乎。"根据中根雪江的想象，让德川庆喜身居关白高位是龙马的秘策。

在这种情况下，幕府不战而败，连军队和外交权也丧失了，只有庆喜一人可以笑对此事。虽然关白并无实权，但地位比德川将军在朝廷担任的内大臣一职更高，庆喜的名誉将因此得以保留，故而他很有可能接受这一提案。

因为庆喜学习的是水户学，因此他想要成为朝廷第一家臣的想法强烈。由此可见龙马解读政局的能力之出众。如此一来，龙马以永井玄蕃为窗口，尝试对以庆喜为首的幕府进行远程操纵。

然而，如果说这件事疑点重重，那也确实没有其他事能比之更让人生疑的了。无论口头上如何宣称为庆喜着想，龙马实际上还是将事态的发展诱导到了令德川权力自然消亡的方向。

第三章 龙马暗杀事件没有谜团

六 龙马死前的行动

龙马"梅毒"说

下面让我们来具体再现一下龙马被杀的庆应三年十一月十五日前后发生的事情。此时的龙马在与三冈八郎就如何建立新政府的经济基础一事进行了商谈之后从福井返回了京都,根据龙马本人的说法,他们两人在福井讨论了"把江户的银座移至京都"之事。龙马于十一月一日从福井出发,进入京都是在十一月五日。

在这里稍微插叙一段,那就是有证言说龙马此时身染梅毒,而说出这话的人是土佐出身的中江兆民。其弟子幸德秋水所著《兆民先生》一书中记述,中江兆民少年时曾在长崎与龙马相遇,据说那时龙马拜托他帮忙跑腿:"中江小弟去买烟草来。"那时的中江兆民年轻气盛,叙述了自己的感想:"他眉眼细长,因梅毒而谢顶。"

那么,对此应如何考虑呢?从留存下来的龙马照片来看,他的确有些谢顶。即便如此,从龙马又是前往福井又是四处活动的动向来看,很难想象他身患梅毒这一重症。龙马的性格坦率直白,即便没有得病,也有可能半开玩笑地说:"因患梅毒而秃。"

龙马史

与永井玄蕃的密谈是不是导火线？

于是，龙马返回了京都。后藤象二郎的传记里如此写道："龙马十一月五日自福井归京都，频与萨长勤王党筹谋计议，因新政府组织之事心神烦忧。"龙马苦心思虑的是新政府的财政基础问题。他在全神贯注地思考发行金札以后，新政府该如何行事。

然后，在被杀五日前的十一月十日，龙马与同为土佐藩出身的福冈孝弟一起前去拜访永井玄蕃。永井玄蕃寄宿在邻近二条城的大和郡山藩府邸，这里与龙马寄宿的位于四条河原町的近江屋有三公里以上的距离（参见后文《与龙马暗杀事件相关的京都地图》）。甚至还有说法认为他们一天两度拜访这里。

传言龙马在暗杀当日身患感冒、卧病在床，但是其行动看起来完全没有病人的样子。不仅如此，龙马还在知己到来之际，从二楼大声招呼。可见龙马当天无疑十分健康。《坂本龙马日记 完本》的编者菊地明等人也否定了龙马因感冒而卧床的说法，我对此亦有同感。

龙马拜访永井玄蕃之事见载于土佐藩大目付神山郡廉的日记，由此可知土佐藩也在注视着龙马的一举一动。龙马不停请求永井玄蕃"与我见面吧，与我见面吧"，但后者以"今日太忙"为由予以拒绝。

第三章 龙马暗杀事件没有谜团

会见"杀手"半次郎

就在同一天，龙马在前往永井玄蕃住处或由此返回的路上遇见了萨摩藩的中村半次郎。半次郎在自己的《在京日记》中如此记述道："与山田、竹之内两士同行散步之时，途中与土州（土佐）士坂元龙马相逢。"这或许并非偶然。正与永井玄蕃进行直接交涉的龙马与萨摩的中村半次郎有所接触，或许因为萨摩也十分在意龙马的动向吧。

这也再次证明了上文所述萨摩情报获取能力的厉害之处。龙马是个十分健谈的人，很有可能一碰面就开门见山地跟对方说"刚刚从永井处回来"。由于是重要情报，中村半次郎当然将这一消息带回了萨摩藩邸，萨摩由此捕捉到了龙马的动向。当然，他们也知道龙马寄宿在近江屋，因此如果有加害之心随时都可以行动。萨摩的西乡隆盛等人既掌握了龙马的藏身之所，也与其关系匪浅，随时可以将其邀约出来。他们没有必要专程前去攻击狭小的近江屋，毕竟龙马在那里是受人保护的。更为简便的做法是事先将龙马约出来，在其归途伏击，再嫁祸给佐幕派即可。因此，萨摩藩黑幕说难以成立。

同一天，龙马还寄出了一封写给林谦三的信件。当时林谦三正意欲前往萨摩参加海军。龙马在信中写到"是

龙马史

幕是萨，唯君所愿，又或前往天下其他以海军大展拳脚之处，任凭君意"，可见或许林谦三就自己安身立命之事与其相商。无论是幕府还是萨摩，想去就去——这不愧是龙马说得出来的话。此时龙马的想法天真，或许甚至认为仅凭一己之力就能建立新政府了。

居于永井玄蕃住处旁边的见回组

翌日十一日，龙马得以会见前一天未能见到的永井玄蕃。"今朝拜访永井玄蕃处商谈颇多"，龙马在给与萨摩亲近的林谦三的另一封书信中如此写道。

松林寺（やす寺）

第三章 龙马暗杀事件没有谜团

在这里介绍一个重要情况：在永井玄蕃寄宿处之旁有一座名为"松林寺"（又称"やす寺"）的寺庙，见回组组长佐佐木只三郎便寄宿于此。他也正是四天后龙马暗杀行动的实际指挥官。佐佐木只三郎即便在旗本当中也是众所周知的剑客，更因暗杀以召集倒幕势力为目标的志士清河八郎而臭名远扬。

龙马就这样毫无顾忌地来到这个人的寄宿处附近。这一带可谓完全是幕府一方的势力范围，突然有大嗓门的土佐藩士出现且一日几度来访，最后甚至进入了永井玄蕃的住处，相信见回组可以轻而易举地掌握这些信息。我们甚至无法排除就住在旁边的佐佐木只三郎有亲眼所见的可能性。

这座松林寺有十分与众不同之处。我也曾亲自探访此地，只见京都地势平坦的街市中突然有一处低洼地，而这座寺庙就建于此。这片低洼地是古时丰臣秀吉建造的聚乐第的护城河遗址所在，由于护城河未能完全填埋，成了易于积水的地段，松林寺便修建于这样的地方。在龙马生活的时代，据传寺内有三位尼姑，专为烟花女子制药。佐佐木只三郎就寄宿于此。

这座寺庙至今仍保留着幕末时期的模样，在1996年发生火灾前，佐佐木只三郎寄宿的房间也都还在。然而，此处一直人迹罕至。虽然龙马暗杀事件世人皆知，但可以说，相关方面的检证却鲜有人为之。

龙马史

龙马惹恼佐幕派的行动

不惜以身犯险、踏入幕府地界,龙马究竟与永井玄蕃说了些什么?当然,两人应该就新政府如何对待庆喜一事进行了协商;同时,也有可能围绕释放土佐出身的宫川助五郎一事进行交涉。宫川助五郎属于激进派,在大政奉还后,曾三番五次将竖立于三条大桥上的幕府高札①拔起并扔进河里。幕府方面认为这是忍无可忍的行为,遂将其逮捕。

龙马在被杀当天与中冈慎太郎商量的便是如何处理宫川助五郎一事。如果想象龙马是在反复推敲新政府的宏大构想时被杀的话,就会觉得他的舍生取义多么悲壮可赞;然而,实际上他们所论之事是如此琐碎渺小。龙马前去会见永井玄蕃时恐怕也就此事进行了交涉。龙马遭到暗杀的翌日,宫川助五郎便被释放了。

对于会津藩和见回组来说,龙马大摇大摆闯进自己的地界,与幕府位高权重的永井玄蕃直接进行交涉,要求他们释放好不容易抓到的犯事之徒。龙马既已放肆到这种地步,他们恐怕再也难以无动于衷了。何况龙马还是遭到通

---

① 指公布法令法规或犯罪罪状等的公告牌,一般高高立于人多之处,是自室町时代兴起的一种法令传达形式,在江户时代盛极一时。

缉之人，上一年一月在伏见的寺田屋，龙马用手枪将奉行所的役人射伤后逃走。嗣后，他们从龙马的据点寺田屋没收了其从事反幕活动的大量文书。在维持治安的人眼中，没有谁能比龙马更有危害性了。

更何况，就佐佐木只三郎看来，这一切都发生在自己眼皮底下。龙马与永井玄蕃的直接交涉很可能刺激了京都守护职和见回组的相关人士，成为促使他们决意暗杀龙马的导火线。如此看来，事情的来龙去脉便符合逻辑了。

口无遮拦决定了龙马的命运

与永井玄蕃的交涉结束后，龙马给林谦三写了一封书信，其中的轻率口吻一如他通常的作风，他将与幕府政要会面的情景一五一十地写进信中："今朝拜访永井玄蕃处商谈颇多，天下之事危如累卵，其可怜之处一言难尽。"由这样的语句来看，很难认为龙马真的会偏向幕府、设身处地为对方着想。这封信件中的"天下之事"并不是指朝廷，而是指庆喜和幕府，龙马最多不过对"其可怜之处"有所感慨罢了。

然后，他写道："大兄今且保重性命，此时正是有所作为之时。""有所作为之时"恐怕是指男子汉大丈夫舍生取义之时，换言之，这可以解释为龙马向林谦三暗示倒幕战争或许即将开始。也就是说，龙马甚至言明此时便是

与龙马暗杀事件相关的京都地图

他舍生取义之时。这句话后面便是上文提到过的"无论修罗还是极乐"的那句话,也就是说,要么是事态演变

第三章 龙马暗杀事件没有谜团

为战争这一人间纷争的"修罗",要么是己方不成功便成仁,死后前往"极乐净土"。这里的"极乐"可以解释为死后前往的场所,而不是指新政府建立后快乐无忧的场所。

最后,龙马写到"与彼玄蕃心心相印",这是特别有名的一节。龙马已然断言自己与永井玄蕃的意见确实达成一致("心心相印")。这般天真纯粹的高兴劲儿的确像是龙马的风格。即便是难以对付的谈判家,龙马依然保有纯粹之处,这是他受人喜爱的性格特点,却也是其弱点所在。如永井玄蕃这样出身于幕府旗本的人物,一般来说在倾听别人说话时都会在表面上唯唯诺诺,不管怎样先听了再说。像这种边听别人说话边点头,但实际上并不会依言而行的人不在少数。

然而,龙马却误认为这样便是达成共识的表现。一方面,如同在"伊吕波丸"事件中进行交涉那样,龙马十分狡猾聪敏;另一方面,他又有些天真无邪,容易轻信他人之言。无论对方是谁,他总会认为"这个人并无恶意",不断向其靠近,也因此构建了令人惊讶不已的人脉。

永井玄蕃自身信赖龙马这一点确为事实,他还给予龙马高度评价,认为他比后藤象二郎更为高大且劝说之言十分有趣。此后,龙马便开始朝来夕往地前往永井玄蕃处拜访。然而,这便是危险所在。

龙马史

每晚拜访永井玄蕃

时间来到事件前夕的十一月十四日。据传龙马得了感冒,于是从自己的房间移至近江屋的主屋;但正如上文所述,龙马的所作所为很难让人相信他得了感冒,他一直毫不休息勤勤恳恳地工作,或是写信,或是去京都街上转悠。

这一天龙马也去了永井玄蕃处。中根雪江根据从永井玄蕃处听说的情况记载:"虽说坂本龙马也来拜访,此举每每令人生疑。"(中根雪江『丁卯日记』)。这肯定让永井玄蕃十分困扰,毕竟龙马一早就来拜访,实在是过于执着了。

也许龙马就是在这时引起了会津藩和见回组的注意。永井玄蕃对龙马说:"不要早晨来,夜里再来。会引起嫌疑。"正如"(龙马)夜半来访,即昨夜也来拜访了"的记录所示,龙马早上前往拜访,却没能与永井玄蕃见面,故而夜里再次前去。

总之十分明了的是,龙马每晚都前去会见永井玄蕃。两人就宫川问题进行交涉,与此同时,大概还商讨了庆喜在新政府内的立场问题。

虽未言明,但似乎此时永井玄蕃已打算释放宫川助五郎。从永井玄蕃的角度来看,为释放宫川助五郎提供一臂之力,可以在一定程度上卖个人情给土佐藩。他或许就是这么考虑的。

第三章　龙马暗杀事件没有谜团

会津藩与龙马的交流

到了十四日，寺田屋的老板娘登势担心龙马的人身安全，故派遣名叫寅吉的员工前去帮忙。寺田屋是萨摩藩的人们经常住宿的地方，她或许是因此收到了一些情报。然而，龙马一笑置之，不予理会。龙马对寅吉说："昨日得以会见永井。还见到了松平容保。"松平容保对自己说"安心吧"，所以应该没什么问题。

然而，这其实只是龙马的虚张声势而已。无论怎样查阅会津方面的记录，都找不到任何有关龙马与松平容保进行会谈的记录。不过，因为永井玄蕃与龙马二人在旁边就是见回组佐佐木只三郎所住之处的地方多次会面，也不能排除永井玄蕃叫上会津藩的人一同出席的可能性。

事实上，龙马也的确与会津藩的人有过交流，那就是当年二月在长崎与神保修理的会面。神保修理是会津藩家老神保内藏助之子，也是该藩内为数不多的新政府恭顺派人士。龙马在书信中对其做出极高评价，甚至写到"会津藩内有出乎意料之人物"。神保修理因过于提倡恭顺新政府，在藩内遭到排挤，于鸟羽伏见之战后不久被逼切腹而亡。

我们无法否认，有可能永井玄蕃对会津藩说"坂本龙马要求释放你们所抓的犯事之徒"，并邀请会津藩中位高权重者一起与龙马面谈。然而，优秀的会津藩人士只要

龙马史

听闻龙马所讲之话就能轻而易举地明白，龙马所图之事绝非己方可以容忍的。

另一方面，龙马将幕府和会津的人愿意与自己相见这件事解读为性命无忧的保障，或许认为自己毕竟与该藩家老之子还有交情，应该没有什么问题吧，从而疏忽大意了。即便假设该藩领导层的人物确实这么说了，但作为实施部队身处现场的见回组仍然对龙马憎恨不已，很难说龙马的处境是安全的。

七　龙马的最后一天

福冈孝弟逃跑

随后，终于迎来了事件发生的那天。此时，切身体会到危险将至的人是寄宿在近江屋旁边酒屋内的土佐藩参政福冈孝弟。此人十分胆小。在大学入学考试中考过日本史的人都熟知福冈孝弟，因为就是他书写了五条御誓文[1]的原文，但其后福冈孝弟并无建树。如果要论其原因，恐怕就不得不怀疑其人格有瑕。虽然福冈孝弟或许是个头脑聪

---

[1] 庆应四年三月十四日（1868年4月6日）明治天皇以向天地神明起誓的形式，向公卿和诸侯等展示的新政府的基本方针。

第三章　龙马暗杀事件没有谜团

明、口头谈论政府构想的论客，作为一个男人却是糟糕透顶、无可救药。对这一点具有决定性作用的事件就发生如下。

龙马遭到暗杀的当天，午后三时左右，龙马来到福冈孝弟寄宿处邀请他："喂，福冈，这次来我家不？"或许龙马还说"今晚煮军鸡锅①吃"。然而，为福冈孝弟看家的加代（后来成为福冈孝弟的妻子）说他不在家，故而予以拒绝。但或许当时福冈孝弟就在家中。

过了一会儿，龙马再次到访，或许他的确希望福冈孝弟能来自己家吧。无论是有重要的事情相商，还是因为做了军鸡锅，总之这一天龙马似乎想要邀请各种各样的人到家里来。加代甚至回答说："福冈会回来得比较晚，不如来我们家吧。"

然而，当天晚上龙马被杀。拒绝了龙马的邀请，没有前往近江屋二楼的人们一齐抚胸长叹：如果那时应邀前往龙马处，恐怕就被杀了，真是万幸。福冈孝弟听闻龙马有危险的传言，考虑到如果近江屋遭到袭击，自己也难逃一死，故而在此前后离家前往艺妓所在的料亭过夜。心思深沉之人就是如此这般察觉到危险所在的。

---

① 军鸡是鸡的一个品种，于江户时代由泰国传入日本，经改良后成为日本特有的品种。据传军鸡锅是坂本龙马十分喜爱的一种火锅料理。

龙马史

福冈孝弟

这个福冈孝弟出于恐惧,连龙马的葬礼也未参加。因此,同为土佐藩士的田中光显直到去世都不停斥责他:"实在无法理解,这个人到底是怎么想的!"田中光显是听闻龙马遭袭后立刻赶往现场的其中一人,他无法原谅一直隐身不现的福冈孝弟。

福冈孝弟在拟定五条御誓文前后曾在明治政府内得到了大家的尊敬;但由于上述所作所为,他渐渐失去了影响力。虽然一直活到大正时期,福冈孝弟终究丧失了最初的势力,不得志而终。

听见龙马声音的密探

到了傍晚,土佐藩出身的海援队队员宫地彦三郎造访

第三章 龙马暗杀事件没有谜团

近江屋。《宫地彦三郎小传》中记载:"归途经过坂本龙马的宿所河原町近江屋侧,他在楼上、我在路边相互交谈,告辞后归宿。"概括而言,龙马并未下楼来,只是从二楼向宫地彦三郎打招呼。我可以想象龙马看到外边路上经过的宫地彦三郎后,从窗户伸出头大声与之交谈的情景。

但是,近江屋的构造并不是这样的,其二楼俯瞰店内的通高空间①。或许是嫌麻烦,龙马站在那里大声招呼站在店门口的宫地彦三郎,他或许操着土佐方言说:"啊,你也回来了?上来坐坐!"但宫地彦三郎回答道:"算了,我刚刚回来,等卸下行装后再来拜访。"随即离开近江屋而去。

有人确确实实听到了龙马大声说话的声音。原属见回组的渡边笃曾做出以下证言:"增次郎于坂本寄宿近处探查同氏之样子,披苇席扮作乞丐,伏卧于(龙马的)寄宿所之酱油店檐下。"

其实,见回组已然在龙马寄宿处部署化装密探进行监视。毫不知情的龙马还一会儿为了宫川助五郎之事与人商量,一会儿大声邀请友人上楼一叙。在这一时刻,见回组已经掌握了龙马的动向,知道他确实身处近江屋内。

---

① 日语是"吹き抜け",也可直接译为"吹拔",指两层或多层建筑内部中间某些部分没有楼板,从底层直接通到上面某层的天花板,这一空间就叫作通高空间。

龙马史

峰吉的证言

一位名叫峰吉的人的证言让我们能够明确得知当天傍晚至夜里情况，他是中冈慎太郎的仆人，也是名为菊屋的书店家的儿子。这一日，峰吉正与中冈慎太郎一道之时，有人从龙马处奉命前来。来者是龙马的仆人山田藤吉，原本是个相扑手。稍过片刻，峰吉便与中冈慎太郎一同前往龙马的寄宿处。二人到达近江屋时，在门扉微微打开的店面内，山田藤吉一边削着木头一边与名叫冈本健三郎的土佐藩士聊着闲话。于是峰吉也留下与这二人聊天，并未前往龙马处。

中冈慎太郎

这时，龙马口里叫着"藤吉，藤吉"，从二楼走下来，但是又察觉到藤吉正在削木头，于是峰吉说道："如

第三章　龙马暗杀事件没有谜团

果有事的话，我愿意代为效劳。"龙马答道："那就不好意思啦，请买点军鸡肉回来吧。"峰吉与冈本健三郎二人便出发，沿四条大道①向东走，前往一家名为"鸟新"的店。但是，由于肉已经卖完了，要重新杀鸡，所以二人不得不暂时等候。等到拿了肉回去时，近江屋已然遭到袭击。据峰吉的证言来看，袭击大约发生于晚上八点左右（见回组今井信郎说袭击发生于夜里十点）。

对此，也有人怀有疑问：峰吉是不是其实就在龙马被暗杀的现场？他们认为，峰吉因为自己活了下来而对去世之人抱有内疚之情，故而编造了谎言。诚然，根据杀入近江屋的见回组的证言，逃生藏于桌下的小孩实在可怜，便将其放过了。

血染暗杀现场

然而，我却相信峰吉的确是去买军鸡肉了，因为他对于自己回到暗杀现场时的描述十分详细。他从鸟新回来后，只见大门微开，内有一人，是土佐藩的岛田小作。龙马肯定在二楼被人袭击，但出于恐惧，岛田小作踟蹰不已，久久未能踏上二楼。

此时峰吉"毫不迟疑地进去，熟门熟路地从厨房走

---

① 京都街道名，在近江屋南约两百米处。

龙马史

到后门",由此出去到达储物间,在那里发现了人影。那是家主井口新右卫门夫妇。据说两人浑身战抖着对峰吉说道:"峰吉,有恶人进来,二楼都乱套了!"根据见回组的证言,井口夫妇被关在储物间内,为了不让他们向土佐藩邸通风报信,见回组还派了人看守。

后来井口夫妇做出了各种各样的证言,但不可信者居多。例如,他们说自己听到佐佐木只三郎与龙马对话的声音从对面传来:"见回组组长佐佐木问道:'在此场合,若有何遗言可听之。'"也就是说,佐佐木只三郎在给龙马致命一击之前,询问后者"有没有什么遗言",而他们听到龙马回答道:"没有,想要说的话千千万万,但没有一句想对你说的,你想杀便杀吧。"

然而,这就奇怪了。连倒在龙马附近的中冈慎太郎也没有说过这件事。井口夫妇添油加醋地说了许多,但都与现场情况无法吻合。事件发生之际,两人在储物间内瑟瑟发抖,什么也没看见,什么也没听见,这或许才是真实的情况吧。然而,因为总有人来询问有关龙马的事情,他们很有可能就这样随口编造了出来。

下面回到峰吉的证言上来。峰吉留下井口夫妇二人,正准备上到二楼时,有血滴答滴答地流下来。他终于上到二楼,最先映入眼帘的是倒在地上的藤吉,在此他开始呼唤岛田小作。峰吉再往里走,便看见龙马倒在屋内,而中冈慎太郎倒在旁边房屋的屋顶上。于是，峰吉慌忙奔走呼唤土佐的同志们，相关人士陆续到达近江屋，确认龙马已经死亡。

八　袭击者的回忆

七位刺客

袭击事件本身的来龙去脉是怎样的呢？在此我将参考袭击者一方的证言，再现事件经过。无论幕后黑手是谁，就目前来看，实际发动袭击的人只可能是佐佐木只三郎所在的见回组，证据已然确凿无疑。

不过，关于参与龙马袭击事件的具体人员，不同证人的说法有些出入。今井信郎被认为是"实际斩杀龙马的人"，他列举参与袭击者有佐佐木只三郎、桂隼（早）之助、渡边吉太郎、高桥安次郎、土肥仲藏、樱井大三郎，加上自己共七人。但以佐佐木只三郎为首的这些人均在鸟羽伏见之战中战死沙场。

见回组虽然属于斗志高昂的佐幕派，但全员战死这一点十分不自然。更有可能的是，为了包庇这些袭击龙马的犯人，幕府故意将其列入了战死者的名单。尽管今井信郎对于自己的情况供认不讳，但在他关于其他人的供述中有些部分的可信性不高。

龙马史

渡边笃

例如，今井信郎说后来战死的渡边吉太郎是与自己一道实施袭击之人，这一点十分可疑。上文曾介绍过名叫渡边笃的男人，他也供认自己是参与袭击事件的一员。阅读渡边笃的证言可以发现，其中有不少唯有当事者才可知晓的细节，很难认为这些内容全都是编造的谎话。或许今井信郎为了掩护渡边笃，特意代以已死之人的名字，而他自己也供述称："实行犯中有一人尚在人世，但我受人之托，无法说出他的名字。"

据说佐佐木只三郎从寄宿的松林寺出发，逐一拜访每位袭击者的家，将其召集起来。关于这件事，今井信郎家中留有口口相传的故事，其孙今井幸彦将其整理为《斩杀坂本龙马的男子》（『坂本龍馬を斬った男』）一书。

第三章　龙马暗杀事件没有谜团

根据该书，有一位叫作渡边的见回组成员来到今井信郎在今出川千本的临时寓所，两人在里屋悄悄说话，尔后今井信郎留下一句"我去去就回"的话便与渡边一起出了门。今井信郎的妻子后来称，她当时出于直觉就知道"（今井信郎）又去杀人了"。

袭击龙马的第一人

今井信郎与渡边笃二人的证言虽有无法吻合的部分，但我们仍得以从中详细了解袭击者们在傍晚以后的行动路线。根据渡边笃的证词，"以自己为首之人除今井信郎外共三人"在确认了龙马在家的情况后向现场出发，"于黄昏时分踏入龙马的旅宿"。据称，他们"咚咚"地敲门后，从屋里出来一位身宽体胖、个头高大的从仆，想必就是原为相扑手的藤吉。

关于袭击者是如何进入龙马寄宿处的，从古至今有诸多说法，有的说他们谎称是十津川的乡士，也有的说他们递上了写有松代藩士的假名片。但根据渡边笃的说法，他们"递出了伪造的名片"，而今井信郎也供认了假名片的使用一事，二者的说法一致。

接到名片的藤吉有着不会怀疑他人的性格。看到藤吉上到二楼，袭击者冲上楼梯，从背后将藤吉斩杀。这时龙马觉察到动静，扬声询问，袭击者便拉开隔扇一拥而入，

龙马史

朝着正面门口而坐的龙马当头就是一击,龙马迅速以刀鞘格挡白刃,奈何头顶还是被劈裂了。"居于左右的两人同时被杀","侥幸逃得一命之人似乎是十三四岁的侍从。他看到右边发生的事情受到惊吓,将头埋到自己面前的桌下,趴在地上",袭击者称由于他是个孩子,所以就此放过了他。这个孩子很可能就是刚才提到的峰吉,也有可能是当时身处龙马暗杀现场却终身闭口不谈此事的某人。

斩杀龙马的究竟是谁?必然是当天冲上二楼的人中的某一位。关于这一点,今井信郎的证言前后摇摆不一。在调查中,他供述称自己仅仅是负责望风;但根据其家人的证言,他似乎就是斩杀龙马之人。渡边笃也说到"居于左右的两人同时被杀",恐怕不是他一人同时斩杀的吧。有一个执着地追查给龙马致命一击的人,他就是田中光显。田中光显是中冈慎太郎创建的陆援队的队员,在明治维新后担任宫内大臣一职。直到九十七岁时寿终正寝为止,他都一直积极为志士们争取叙任荣誉爵位并让他们的事迹发扬光大,哪怕是小小的纸片,只要是志士所写的书信,他都会将其收集起来。他在东京都多摩市圣迹樱之丘和茨城县大洗町修建了祭祀明治天皇的设施,并将志士们留下的遗物收集于此。虽然"圣迹"真实的含义是天皇留下的痕迹,但田中光显认为志士们残留的遗物也应该与明治天皇一道接受祭祀。

第三章　龙马暗杀事件没有谜团

就是这样的田中光显得出了一个关于实行犯的结论，那就是斩杀龙马或许是"小太刀之名人早川桂之助、渡边太郎所为"（田中光顕『維新風雲回顧録』）。虽然他将名字说错了，但前者指的应该是桂隼之助，后者应该是渡边吉太郎或渡边笃。

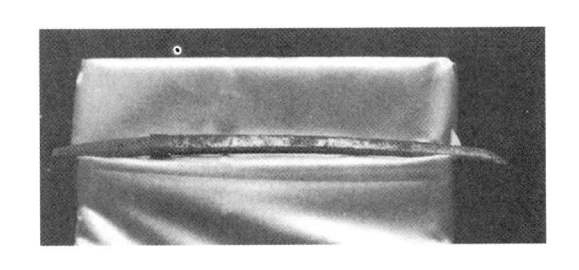

桂隼（早）之助的太刀（灵山历史馆）

结果，最先击中龙马头顶的人被认为是桂隼之助、渡边笃、今井信郎和佐佐木只三郎中的一人。虽然身为指挥者的佐佐木只三郎也有亲自斩杀龙马的可能性，但为了指挥整个行动，或许推断其当时身处二楼楼梯口处比较合理。在袭击近江屋之际，一楼至少需要三人望风，因为要看住门口和井口夫妇。可能有两到三人上楼袭击了龙马。

总之，袭击在很短的时间内便结束了。现场离土佐藩邸很近，一旦袭击之事败露，龙马的援军一分钟之内便可到达。见回组以决一死战的态度执行了作战计划。

从现场的情况来看，龙马所在房间的天花板是倾斜的，龙马和中冈慎太郎坐在天花板最矮处，在这里长刀是挥舞不开的。因此，斩杀龙马的唯一方法便是从横向上斩杀，或是从上方以小太刀击打头部。天花板上有被刀刺破的地方，有人说这是龙马抵抗时留下的痕迹，但实际情况无人可知。京都町屋的二楼一般都呈现这种格局，故而可以认为袭击者专门派遣了使用小太刀的高手进行突袭。

多达三十四处伤痕

这次事件的受害者在遭受致命伤后，还被见回组残酷地斩杀，就连藤吉也被太刀砍了七下，龙马更是身负三十四处伤，中冈慎太郎则负伤二十八处，可谓是遍体鳞伤。总之，据说他们遭受了多次攻击，处于大量出血的状态。然后，见回组如风一般瞬间离去，因为他们知道引起这么大的骚乱后，无论是海援队还是土佐藩邸都会马上派来援军，所以可以说这场犯罪是在短时间内实施的。事实上，最先赶到现场的人中也没有谁做证说自己曾看到了犯人。

在现场的被害者中，中冈慎太郎还多活了几日，但我们不能完全相信他的证言。事件发生后立刻赶赴现场的谷干城和田中光显向濒死的中冈慎太郎询问了事情发生的经过，但中冈慎太郎当时身负重伤，处于神志不清的状态。虽然中冈慎太郎做出了很多证言，如袭击者说了"こなくそ"等，龙马被砍后还起身寻找佩刀并开口说话等，但冷静地思考一下，这些话都近似神智恍惚之人的呓语。

毕竟，实在难以想象脑部被劈裂的龙马还能长时间地说话。

此外，事发后海援队的人大肆骚动，呼喊召集人们前来，现场的楼下散乱着人们脱下的木屐，因此无论是木屐还是草鞋，哪一个是谁的东西，完全无法分清。在新撰组黑幕说中，印有葫芦标记的木屐发现于这一混乱状态之后，因而很难说这木屐就真的是侵入者留下的。

热闹纷乱的逃跑过程

关于袭击后见回组撤退的情况，渡边笃也留下了证言。在这场混乱中，有人疏忽大意地将刀鞘忘在了近江屋的犯罪现场，根据今井信郎的证言，这个人就是世良敏郎，他的名字还未曾作为犯罪的一员出现过。这柄刀鞘的确在事后被发现了，这一证言的可信性由此提高。因为没有刀鞘，为了将出鞘的刀隐藏起来，世良敏郎在归途中一直与同伴肩搭着肩。

以下一段非常符合现实的描写："黄昏将尽，四条大道上熙熙攘攘"，"将世良架在肩上，一边高声说着'难道不是很好吗？难道不是很好吗？'，一边从此通过"。世良敏郎与渡边笃等人佯装喝醉，穿过热闹繁华的京都街道回去了。其撤退路线也被记载下来："沿着河原町的四条大道走到千

龙马史

本路,由千本路转向下立卖路,沿着下立卖路走到智惠光院,从北面进入智惠光院,一直走到西侧的寺院(忘了其名字),终于回来了。"所谓"终于回来了"的寺院,就是佐佐木只三郎寄宿的松林寺。这一证言是可信的。

数名袭击者聚成一团撤退,他们之所以没有各自归家,是因为有可能发生追击战。他们保持着一定程度的固定人数,混在醉酒之人中回到了寺庙里。

我也曾沿着这条路线试着走了一次,实在是非常狭窄的道路。可以想象,一群人战战兢兢地走回来,在咣当咣当捣着药的尼姑们旁边,手拿沾满鲜血的刀、身穿溅满血迹的和服,男人们说着"哦,得手了""成功了""砍成那样不可能再活过来了"等话。而在其相邻的房间内,永井玄蕃正毫不知情地睡着。这就是十五日这一夜松林寺内的场景吧。

渡边笃以外的成员也各自改变路线,陆陆续续回到松林寺。袭击方,除了今井信郎的手上负伤以外,没有人身负攸关性命之伤。"时机正好,一同庆贺,举杯等候天明,缓缓归宅",这与今井信郎之妻说他数日之后才回家来的证言有所龃龉。不过,他们肯定是聚在一起,等确认安全以后,一边说着"太好啦,太好啦,杀掉龙马了"一边回了家。

渡边笃说,因为袭击龙马是秘密之事,所以仅仅告诉了自己的父亲，并没有对其他任何人说过。过了一两日，坂本龙马被斩杀的流言蜚语甚嚣尘上，传言是新撰组所为。渡边笃觉得他们没有被怀疑为犯人，这样就安全了。

关于杀害龙马的犯人，坂本家似乎认可今井信郎的证言。明治十一年前后，龙马的养子坂本直（龙马的外甥·原海援队队员高松太郎，成为龙马继承人后改姓为坂本）向今井信郎发出邀请："希望你能来龙马的追悼会。"据说，今井信郎抱着必死的觉悟前往，但竟然与对方相安无事，只说要忘记过去，为了日本而工作，就这样回来了。（柴田澄雄「坂本竜馬を斬った男」『月刊浜名湖　遠州·三河』二十七号、1981年）如果今井信郎与龙马被暗杀一事并无关系，那他就没有必要担心有可能被杀的危险，并且根本就没有必要出席龙马的追悼会。

今井信郎（灵山历史馆）

龙马史

关于暗杀龙马一事，今井信郎在明治三年（1870）二月被新政府拘留于箱馆时写下的供述调查书中，以及杂志《近畿评论》明治三十三年（1900）五月刊所载采访记事中都有所述及。后者被记者进行了大量的润色，因此与事实有所龃龉，从当时开始就有认为这是今井信郎为了出名而进行炒作的批判声音。田光中显和谷干城都认为今井信郎的证言不可信。然而，其内容还包含了今井信郎之妻的证言，连细节都十分具体。因此，虽然记事有所润色，但可以将今井信郎看作袭击者中的一员。据传，今井信郎在被家人要求"解释清楚一点"时不以为然地说："哪有人蠢到争着抢着四处炫耀说，杀了人的毫无疑问就是自己！"（今井幸彦『坂本龍馬を斬った男』）

幕府战败后，今井信郎回到江户，与古屋佐久左卫门等人组成冲锋队，作为副队长转战各地，但于明治二年（1869）五月在箱馆战争中败北被俘。根据调查的结果，今井信郎由于暗杀龙马的罪名被移交给静冈藩（德川家在交出江户城后被移封至此），在此服禁锢刑[①]。得到赦免后，今井信郎开始信奉基督教，并作为静冈县的初仓村长致力于兴办教育。

---

① 江户时代的一种刑罚，属于自由刑（剥夺人身自由的刑罚）中的一种，但与惩役刑不同，只需进入刑务所但无需履行劳动的义务。

第三章　龙马暗杀事件没有谜团

九　龙马暗杀事件的幕后黑手

今井信郎托付给妻子的褒奖状

究竟是谁给这些暗杀者下达了命令？事实上，见回组的人们关于这一点也留下了证言。今井信郎在接受调查时供述称，由于自己是新加入的成员，故而不太清楚龙马有什么问题，并接着说道："（我们）且称旧幕阁老等重职之命令为御指示，乃其人之指示乎？又见回组附属于京都守护职，或是松平肥后之指示哉？"也就是说，在旧幕府内，阁老等要人的命令被称为御指示，因此具体是谁下达的命令并不清楚，但很有可能是从那里下达的命令；又因为见回组是京都守护职的部下，是不是因为接到了来自松平肥后（容保）的命令才实施了暗杀的？这就是今井信郎的供述。

根据今井家口口相传的说法，在鸟羽伏见之战即将爆发之时，今井信郎对妻子说，待在京都太危险了，还是先行回江户比较好，并将长刀与褒奖状交与她。当时，他对妻子说："这（褒奖状）可以证明是我斩杀了坂本和中冈。你去拜见榊原（健吉）老师吧。这是守护职赐给我的褒奖状。"（今井幸彦『坂本龍馬を斬った男』）

龙马史

该褒奖状中应当不会直接写着"斩杀龙马"的内容，只是对于这次暗杀事件进行的表彰吧。重要的是，今井信郎清楚明白地说出这是从守护职，也就是松平容保手中获赐的这一点。然而遗憾的是，该褒奖状已经佚失了。据今井信郎的妹妹所言，"不知是何时，信夫（信郎之子）说，如果那份文书还在的话对父亲来说是十分有利的，四处寻找却不见踪影。"（大坪草二郎『国士列伝』）而且，据称此时被托付的长刀也在发生于上野的彰义队之战中下落不明。不过，小刀虽然一度被典当给了当铺，后来又被赎回，现被保存于京都的灵山历史馆。我也曾有幸拔出该刀，那绝不是一把好刀，也不是一把价格高昂的刀。今井信郎的家人专程将这样的刀赎回，或许正是因为这把刀是今井信郎斩杀龙马时所持之刀吧。

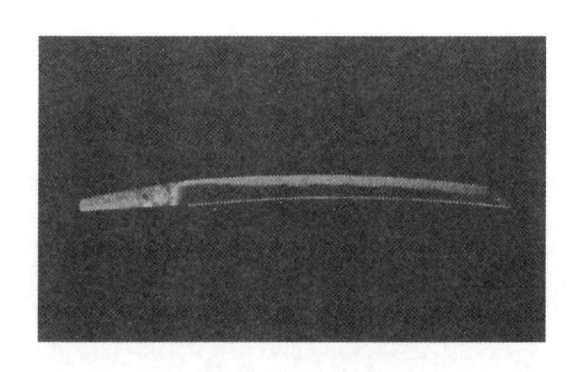

今井信郎的胁差（灵山历史馆）

第三章　龙马暗杀事件没有谜团

佐佐木只三郎与手代木直右卫门胜任

另一位袭击者渡边笃也留下了证言："因为（龙马）密谋推翻德川将军，牵连甚广。"简而言之，龙马企图颠覆德川幕府。不仅如此，他还前往福井拉拢松平春岳，甚至试图争取幕府的重臣永井玄蕃。如果将这样的人物置之不理，那么幕府内没骨气的人就会不断增加，这实在太危险了。渡边笃就是这样认识的，然后他还写到"受见回组组长佐佐木只三郎之命"，指出了下达命令之人。

能够命令佐佐木只三郎的人，就是支配见回组的京都守护职松平容保。换言之，得以生存下来的两名实行犯留下了内容一致的证言，即暗杀命令是经由"会津藩—见回组"的路径传达的。从组织结构来看，这种命令的传达路径也合情合理。由此看来，毫无疑问命令是由松平容保下达的。虽然有如此确切的证言留下来，却依然产生了认为是萨摩藩或其他集团命令见回组执行暗杀的无稽之谈并流传至今，这真是令人不可思议。

那么，具体制订计划的又是谁呢？关键人物就是佐佐木只三郎的兄长——手代木胜任。佐佐木只三郎虽是旗本，但其实是会津藩士佐佐木源八的三子。其兄被送往会津藩士手代木家做养子，名为手代木直右卫门胜任。手代木胜任出身于藩校"日新馆"，是享誉全日本的秀才，担任会津藩的公用人①。

可以说，幕末时期的会津藩就是由公用人推动的，其中站在极度混乱的京都政局的最前线、实质性地推动京都政局发展的人物就是手代木胜任。

体弱多病的藩主松平容保

会津藩主松平容保性格温顺，遵规守纪，体弱多病。其照片有所存留，他下颚纤细，看起来很雅致。被称为最后的元老的西园寺公望曾就自己亲眼看到的松平容保有所记叙。在蛤御门之变发生当日，对长州藩怀有同情的少年公卿西园寺公望见到了松平容保。

那一日，松平容保专程进入御所，待在孝明天皇身旁。松平容保的敌人是不可能对着天皇射击的，他进入御所的目的也正在于此。不知是不是有点发烧，松平容保绵软无力地坐在御所的台阶上吃着便当。少年西园寺公望充满憎恨地凝视着他的身姿。对于敌人会来杀自己这一点，松平容保似乎并没有放在心上。

后来，在会津战争中，松平容保所在的天守阁被炮弹打得千疮百孔，西园寺公望不禁同情地想，如容保这般柔弱的人究竟是抱着怎样的心情据城而守的？

---

① 江户时代在大名家中负责与幕府相关事务的人员。

第三章　龙马暗杀事件没有谜团

由于这种体弱多病的状态，松平容保没有办法亲自投入战斗，这与战斗在第一线并被敌人盯上的德川庆喜（当时称一桥庆喜）大有不同。正因为松平容保是这样的大名，他没有办法亲自指挥所有事情。进入明治时期以后，从松平容保的文书中可以经常看到以今日身体不适为借口拒绝外出的情况。他或许拥有很强的明哲保身的本能，借此才得以生存下来。

到了幕末时期，大名中如同战国豪杰一般的人物一个也没有，没有人会为了打倒幕府而持枪站在阵前，或是在战败后切腹，大名们都让家老代替自己履行这些职责。由此可知，辅佐如此大名的手代木直右卫门实际上是一力承担了会津藩在京都的活动。

手代木胜任的遗言

明治三十七年（1904）六月，正值日俄战争如火如荼之际，手代木胜任在冈山去世，享年七十九岁。他在临终前讲述了此前一直隐瞒下来的龙马暗杀事件的内情，其家人将此纳入私家版的《手代木直右卫门传》后予以出版。

根据该书中关于出版经过的记述，这次出版是由直右卫门的养嗣子良策主导的。明治四十年（1907），一位名为大泉庄客的人以手代木家的记录为基础，在《山

龙马史

阳新报》上发表了《手代木直右卫门传记》，后又加入其弟的传记《佐佐木只三郎小传》，于大正十二年（1923）刊行。因为该书仅发给手代木家的血亲及亲近之人，所以并没有留下几本，包括写本在内，东京都内能够确认存在的只有三本而已，实属非常罕见的出版物。

这本书中写有令人震惊的内容。

"手代木翁仙逝前数日，与人语，杀坂本者乃舍弟三郎是也。"当时坂本"谋求萨长联合，推翻土佐藩论而使其一致讨幕，深受幕府嫌忌"。于是乎，"（佐佐木只三郎）受命于某诸侯，率壮士二人，袭击坂本于蛸药师①的藏身之所并将其斩杀"。

那么，下达了杀害龙马的指示的某诸侯又指的是谁呢？大泉庄客在此加入了自己的推测："所谓某诸侯，即会津容保公之弟，桑名公是也。"也就是说，他认为指使者是容保之弟——桑名藩主松平定敬。

这种"欲加之罪"的说法太奇怪了。凭什么见回组要听从京都所司代松平定敬的指示呢？见回组隶属于京都守护职，与京都所司代根本不属于同一个指挥系统。

---

① 指蛸药师路，是京都市内一条东西走向的道路。

第三章 龙马暗杀事件没有谜团

更何况，无论是斩杀龙马的今井信郎还是其妻，都说该事件出自会津藩主殿下的指示，其妻甚至明确做证说获得了褒奖状。由此可见，龙马之死无疑与会津藩有很大关系。大泉庄客或许是为了包庇松平容保而加上这一句话的吧。

手代木胜任（《手代木直右卫门传》）

这本《手代木直右卫门传》中也描写了会津藩听闻大政奉还的提案后的情形。会津藩被强硬告知大政奉还之时，对后藤象二郎回答道："稍等一下，无法立即回答。"可见，手代木胜任所代表的会津藩并不认为龙马和后藤象二郎提出的大政奉还论是自己的救命稻草。

也有观点认为，通过实行大政奉还，倒幕的矛头就会改变方向，但对于全面负责维持京都治安的会津藩和桑名藩而言，事实大相径庭。不如说，在他们看来，大政奉还就是一艘不能乘坐的泥船，一旦坐上去就会沉没，甚至自己会首当其冲。事实确实如此。因此，从会津藩佐幕派的立场来看，他们是最不可能容忍龙马等人提出的大政奉还的，这一点十分重要。

龙马是不能放任自流的危险人物

会津藩等幕府方的势力也拥有不亚于萨摩藩的强大情报搜集能力。例如，萨长同盟缔结于庆应二年（1866）一月二十一日，两天后，龙马就在寺田屋遇袭。虽然他只身逃脱，但与萨长同盟相关的人士之间的往来信件几乎都被没收了。

通过分析这些信件，要想知道龙马的活动情况易如反掌。他们肯定也对龙马的人脉有了基本的掌握。龙马这种围绕王政复古而提出的构想竟然能够将自初代藩主山内一丰以来蒙受幕府大恩的土佐藩都变为倒幕派，这对于手代木胜任和佐佐木只三郎兄弟二人来说或许是种打击。更何况，龙马在寺田屋用手枪将伏见奉行所的捕役打死打伤，进而逃走，实在是个了不得的逃犯。我们可以想象，会津藩与见回组的人们心中有多么不安了。

因此，手代木胜任明白，为了会津藩和幕府着想，就不能放任龙马这等危险人物不管。他基于现实政局做出判断,大政奉还将是通往倒幕之路上的一座里程碑。

手代木胜任恐怕也就此与其弟佐佐木只三郎进行了商谈。根据各种史料显示,龙马暗杀事件背后的活动涉及大名及其高层亲信。暗杀龙马不只是见回组组长佐佐木只三郎的一己之见,而是松平容保在与以手代木胜任为代表的京都守护职会津藩领导阶层进行商量的基础上下达并得到执行的命令。事后松平容保颁布了褒奖状,这也说明该事得到其认可的可能性很大。就现在所知的史料来看,龙马暗杀事件就是一次会津藩命令见回组实施的政治性暗杀。

十　尾声

手代木胜任的尊严

然而,手代木胜任为何会在临死前留下这样的证言呢?他就这样将事情真相带进坟墓也并不奇怪,毕竟当时松平容保已死,相关人士也都一一离世。

死后本已被世人遗忘的志士坂本龙马,由于坂崎紫澜所写的《汗血千里驹》(明治十六年开始在《土阳新闻》上连载)而渐渐为人所知。除此之外,又有报刊记事报道,正值日本海海战即将开打之际,龙马在皇后的梦中现

龙马史

身,宣称"我将守护海军"。[①] 龙马就是在这一时期重新被人们记起。手代木胜任的遗言便与以上背景有关。

手代木胜任在鸟羽伏见之战后的生活一度颇为窘迫。为了与新政府军一战,他曾回到会津,倾尽全力推动奥羽越列藩同盟的成立,但在会津战败后,他被鸟取、高须、名古屋诸藩监禁。明治五年(1872),终于得到赦免的手代木胜任走上了担任地方官僚的道路。他担任过香川县和高知县的权参事(相当于副知事)。与龙马暗杀事件有关的人居然担任了高知县的副知事,真是令人震惊,恐怕是因为他指使暗杀龙马一事尚未曝光吧。[②] 他辞任后又担任了冈山的区长。

手代木胜任的青年时代可谓绚丽多彩。他作为会津的秀才名扬全国,以西乡隆盛和大久保利通为对手推动政局发展。如果会津藩掌握主导权的以天皇为中心的联合政权得以建立,那么手代木胜任无疑可以在以德川庆喜与松平容保为领袖的中央政界大有所为。他就是这般厉害的人物。然而,会津藩战败,他失去了故乡,只能以担任地方

[①] 明治三十七年(1904)二月,在日俄战争爆发前夜,明治天皇的皇后梦见一位三十七八岁的白衣武士站在自己的枕头旁边,发誓会在战争之际守护日本海军。皇后向宫内大臣田中光显询问,田中光显说是龙马显灵,并将此事载于报刊之上,鼓舞国民士气。学者野田正彰批判这是田中光显利用龙马为战争造势而散布的谣言。

[②] 因为龙马出身于高知县。

第三章 龙马暗杀事件没有谜团

长官为生。

手代木胜任恐怕是在弥留之际才想要将维新政局的秘密留于后世的。他忍不住对亲人们说自己在幕末时期连龙马都能除掉,是能够撼动日本政治的人物;而暗杀的执行者就是自己的弟弟。他留下如此遗言的理由除此之外不做他想。或许他也感觉到一些作为当事人对历史残存的责任感,但如果没有若干夸耀的成分存在的话,他的遗族也不会留下这样的史料。由此,我得以看到手代木胜任这位会津精英人士性情别扭的一面,他在面对死亡时,不小心将杀死坂本龙马的事情说了出来。无论其动机如何,对于我们这些研究历史之人而言,他能够为我们讲述龙马暗杀事件的真相,实在是值得庆幸的。

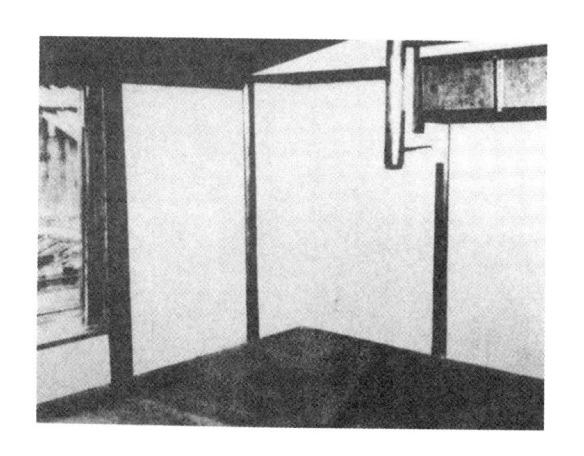

近江屋事件现场(灵山历史馆)

龙马史

以上，我们了解了龙马暗杀事件的背景和人们的证言，可见这一事件中并没有多少未解的谜团。然而，那些坚持认为实行犯身份存疑，或是将萨摩当作幕后黑手等奇怪的说法并没有断绝。即便是在虚心坦诚地阅读史料之际，有时也会看到根本无法成立的说法。这究竟是为什么呢？

这是因为龙马这般伟大的人物被杀了，我们希望犯人尽可能也是大人物，或者希望其背后有滔天的大阴谋。可能就是出于这种对龙马的敬佩仰慕之情，这些"愿望"才会存在于我们的心中。

后　记

幕末史复杂且难以理解的原因有很多。首先，登场的集团太多。萨摩藩是怎样的藩，会津藩士又是怎样的人，等等，如果没有极为系统的知识，就难以真正理解这些内容。

其次，幕末史中会频繁使用到抽象的概念术语，如大政奉还、武力倒幕等四字熟语。如果不能清楚地解释这些词语的意思，就很难接近幕末史的真相。

正因如此，我在追溯坂本龙马的人生轨迹之时，自然会思考如果有能够让人们系统性地获得幕末史知识的简明读物该有多好，于是，我便尝试使用了本书这种历史叙述方式。

本书题为《龙马史》，从传统的文法来看，记述过去时，对于帝王使用"纪"、对于臣下使用"传"、对于王朝使用"史"，那么本书的题目就有问题了，或许"龙马传"或"龙马记"才是正确的。然而，史学界又有"个人史""自我史"的说法。因此，围绕个人叙述大历史也

龙马史

是可行的。

在幕末时期，龙马与诸藩均有往来，并深入政局的中枢，是最适合化身为讲述幕末史的道具的人物。本书便是以"围绕龙马讲述历史"为目标的。

为何龙马会如此大放异彩？正如"龙马不是一日就能成就的人物"所说的那样，从江户末期的时代状况出发，如果从孕育出龙马的地方开始讲述，直到他的死亡之谜为止，或许就可以让人们对于幕末史有系统性的理解。

今日，所谓不可解的坂本龙马死亡之谜也已逐渐得到了合理解释。若统观目前为止公开的史料，那么除龙马暗杀事件的实行者以外，甚至连其幕后黑手的面目也能逐渐浮出水面。现在或许可以说，龙马暗杀事件已不如一般认为的那样充满了未解的谜团。

为了让人们明白"关于龙马暗杀事件可以了解到这种程度"，本书列举并彻底调查了诸多证据，而且清楚明晰地展示了谜底，但这并不意味着关于历史的思索就此结束。我以此抛砖引玉，期待此后读者们能够得出"龙马暗杀事件的最终答案"。

平成二十二年八月十七日

矶田道史

坂本龙马年谱

年份	年龄	事件（粗体字为社会动向）
天宝六年（1835）	1	十一月十五日，龙马生于高知城下上町。其父为坂本八平直足，其母为幸。
弘化三年（1846）	12	进入楠山塾学习，但因为与上士的孩子争吵而退塾。八月，其母幸去世。
嘉永元年（1848）	14	在日根野弁治道场学习小栗流剑术。
嘉永六年（1853）	19	三月，由日根野弁治传授《小栗流和兵法事目录》。三月十七日，为了修行剑术而离开高知。拜入位于江户京桥桶町的北辰一刀流千叶定吉道场。**六月，黑船来航，在浦贺入港。**十二月，跟随佐久间象山学习炮术。
安政元年（1854）	20	**一月，佩里再度来航。**六月，从江户返回高知。拜访画师河田小龙。
安政三年（1856）	22	八月二十日，为了修行剑术而再度前往江户。
安政五年（1858）	24	一月，由千叶定吉传授《北辰一刀流长刀兵法目录》。九月，回到土佐。**九月，安政大狱开始。**
文久元年（1861）	27	九月，加入土佐勤王党。

· 187 ·

龙马史

续表

年份	年龄	事件(粗体字为社会动向)
文久二年 (1862)	28	一月,受命于武市半平太,前往长州萩城拜访久坂玄瑞。 三月二十四日,与泽村惣之丞一起脱藩。 闰八月,进入江户,从越前藩松平春岳处获得给胜海舟和横井小楠的介绍信。 十月,与千叶重太郎一道拜访胜海舟,成为其门下弟子。
文久三年 (1863)	29	二月,脱藩罪得到赦免。 **五月,长州藩在下关海峡炮击美国船只。** **七月,萨英战争爆发。** 十月,担任神户生田海军塾塾头。 十二月,没有听从土佐藩的归国命令,再度脱藩。
元治元年 (1864)	30	四月十三日,与阿龙结婚。 **六月,京都发生池田屋骚乱。** **七月,禁门之变。** **七月,第一次长幕战争。** 八月,作为胜海舟的使者与西乡隆盛会面。
庆应元年 (1865)	31	闰五月,在长崎设立龟山社中。 六月二十四日,与西乡隆盛在京都的萨摩藩邸会面,以萨摩藩的名义从长州藩处接受了购入武器的委托。
庆应二年 (1866)	32	**一月二十一日,萨长同盟成立。** 一月二十三日,在京都伏见的寺田屋遭遇幕府捕役袭击。 三月,与妻子阿龙前往萨摩进行蜜月旅行。 五月,龟山社中购买的"野浪号"(Wild Wave)遇难沉没。 **六月,第二次长幕战争。** **十二月,德川庆喜成为第十五代将军。孝明天皇驾崩。**

续表

年份	年龄	事件（粗体字为社会动向）
庆应三年（1867）	33	一月，在长崎与土佐藩参政后藤象二郎会面。 四月，龟山社中发展到一定规模后解散，改编为土佐藩海援队。第二次被赦免脱藩罪，被任命为土佐藩海援队队长。 四月二十三日，"伊吕波丸"沉没。后成功从纪州藩获得赔偿金。 六月，与后藤象二郎等人制订《船中八策》。于京都促成萨土盟约的成立。 九月二十九日，时隔六年回到土佐的坂本家。 **十月十四日，大政奉还。** 十月三十日，在福井与三冈八郎围绕新政府的财源问题进行商议。 十一月五日前后，回到京都。 十一月十日，开始与永井玄蕃接触。 十一月十五日，在京都近江屋遭遇刺客袭击，与中冈慎太郎一起离世。

解　说

长宗我部友亲

（长宗我部家第十七代家主）

南国土佐的天空很蓝。有时候我觉得，那种澄澈欲滴的颜色与坂本龙马的生存方式十分般配。

正如矶田道史在《龙马史》一书中所述那样，坂本龙马现在的人气很高。

不论男女老少，每年有超过二十万人参观展示着坂本龙马相关资料的高知县立坂本龙马纪念馆（位于高知市浦户城山）。在高知这片土地上，杰出人才辈出，但其航空门户被冠以"高知龙马机场"的名字，这种以个人名字冠名的案例在日本也实属罕见。

人们之所以对追溯龙马的历史感兴趣并觉得其十分有趣，大概是因为在幕末的激流之中，龙马虽是行动派，却不武断急躁，而是拥有顾全大局的灵活发散性思维。

正因为有这种思维，龙马才能够一方面与长州和萨摩

解 说

等倒幕派的重要人物产生直接联系,另一方面又尽可能地与幕府方的中枢进行交涉,从而接近政局的核心。而且,他还获得了一系列具体的成果,如建立海援队,推动萨长同盟的成立,实现大政奉还。

矶田道史在《龙马史》中记述其写作目的是:"从江户末期的时代状况出发,如果从孕育出龙马的地方开始讲述,直到他的死亡之谜为止,或许就可以让人们对于幕末史有系统性的理解。"从龙马的出生开始直至其死亡,矶田道史细致入微地研究了信件及其他相关资料,冷静地考察了这段历史。他从社会经济史学、历史社会学的角度出发对龙马的一生进行解读,这种笔触也充满了人情味。

《龙马史》就是一部能够让人了解从幕末到明治维新这段日本剧变时期的历史的书。

坂本龙马出生于高知市的上町。在江户时代,上町被称作本町。现在那一带有吉田茂曾经常住的城西馆。

上町周边曾居住着乡士(下士)和商人。

在土佐藩,下士大多是所谓的长宗我部武士,即山内一丰进入土佐以前的领主长宗我部的遗臣们;而上士即所谓的上级武士,几乎都是来自远江国挂川的山内氏家臣。

另外,在土佐藩,上士与下士这种身份制度实施得非常彻底,例如谒见城主的所谓"御回见"的权限只限于上士拥有。下士的生活基本上十分朴素，各种细节都受到限制，如禁止穿着绢制衣服，下雨天也不能使用高木屐而只能穿草鞋，等等，这种身份差别比其他藩都要严格得多。连城下町的分配也泾渭分明：上士住在城壕内侧的"郭中"，下士的居所则在城壕之外的上町等地。这种分配方式或许是因为该藩在筑城阶段就意识到上士与下士之间反目成仇的紧张关系始终存在于表象之下。

在江户时代，我的先祖曾作为下士侍奉于山内家，其居所离上町的坂本龙马家非常近。

我家在江户时代并未使用长宗我部的姓氏，在大政奉还以前一直使用的是岛姓。第十二代的岛与助重亲与龙马大致生活在同一时代。

岛与助重亲一直谨遵静心专注守护家庭的家训，在铸造大炮等方面为山内家鞠躬尽瘁，直至大政奉还之时。但其次子义亲（浪间）与土佐勤王党有所关联，在文久三年（1863）八月与吉村寅太郎一道参加了大和义举，这是尊王攘夷派企图夺取政权而在大和国毅然揭竿而起的一场运动。或许是在幕末的动荡年代，他也热血沸腾了吧。

在龙马于庆应元年（1865）九月九日写给池内藏太的家人的书信中，浪间登场了。该信写道，浪间由于大和义举而成名，但其后被卷入纷争，切腹自杀了。浪间离世

解　说

时年仅二十三岁，龙马在书信中以"岛与的次子并马"来称呼他。

正如《龙马史》中叙述的那样，土佐藩的坂本龙马等人在通往尊王攘夷、大政奉还乃至后来明治维新的道路上的行动极大地影响了山内藩定下的上士与下士这种严格的身份制度。长宗我部武士们此时被视作下士，但他们侍奉过土佐曾经的领主，并在关原合战中隶属于西军，在大坂之战中败于德川家康。被改易①后，他们一直冷眼旁观德川政权的走向，其中多数人或许都怀有变革时代之心，而这种能量在幕末时期集中爆发出来。

龙马生于坂本家，这是高知城下屈指可数的富商之一——才谷屋的分家，拥有下士的身份。坂本家本就是十分富足的家庭，根据《龙马史》的说法，其家约有五百坪，在土佐藩能够住在如此宽敞的家里的武士只有寥寥几十人而已。

这种经济上的富足是龙马行动自由的一大支柱。同为下士的岛与助重亲仅仅拥有三人扶持、切米②十四石而已。

---

① 刑罚的一种，在江户时代指剥夺武士的身份，没收其领地和家产等。
② 扶持指武士一人一日的标准生计费用，以五合米计算，三人扶持即该标准的三倍。切米是江户时代俸禄的一种，指主君支付给没有土地的武士的俸禄米。

龙马史

然而，龙马在前往江户进行剑术修行之际，曾与武市半平太等人一同寄宿于土佐藩的江户宅邸。《龙马史》指出，龙马在此理所当然地受到针对下士的严苛待遇，例如与数人一起住在狭窄的房间内等，此时才深刻体会到这种身份的差距所在。不合理的身份差距与强大的经济实力相组合，才成就了龙马这个人，这种说法极具说服力。

如上所述，《龙马史》在第二章追溯了龙马的家族背景、思想形成乃至大政奉还的实现，但本书的核心部分是第三章，即探寻暗杀龙马的犯人。谁斩杀了龙马，又是谁在幕后指使？本书一一检证留存下来的证言和资料等，逐一解开了这些谜团。

手代木直右卫门胜任是实质性全权负责会津藩在京都的行动之人，《龙马史》根据他临死前在冈山留下的证言等，指出暗杀龙马的实行犯是京都见回组，并记载了当时暗杀现场的状况（藤吉乃山田藤吉，原本是相扑手，当时为龙马的仆人；中冈即与龙马一起行动的同为土佐藩出身的中冈慎太郎）："这次事件的受害者在遭受致命伤后，还被见回组残酷地斩杀，就连藤吉也被太刀砍了七下，龙马更是身负三十四处伤，中冈慎太郎则负伤二十八处，可谓是遍体鳞伤。总之，据说他们遭受了多次攻击，处于大量出血的状态。然后，见回组如风一般瞬间离去，因为他

解　说

们知道引起这么大的骚乱后，无论是海援队还是土佐藩邸都会马上派来援军，所以可以说这场犯罪是在短时间内实施的。"

这毫无疑问是确信犯的所作所为。然后，矶田道史还进一步梳理了事件背后的关系，探明了下令暗杀龙马的人物究竟是谁。

关于龙马暗杀事件的幕后黑手，土佐藩黑幕说或纪州藩黑幕说等各种各样的臆测纷然杂陈，其谜底的解读至今还在继续。矶田道史广泛论证了包括施加外压的英国、美国等诸外国的想法在内的当时的社会状况，其论述手法使得下令暗杀之人的姿态逐渐鲜明地浮出水面。因此，这一章既是历史叙述，又让人有种阅读推理小说的错觉。

坂本龙马其实留下了很多书信，而且这些书信极富吸引力。第一章在龙马总共一百三十九封书信中选取了十五封进行解读。我也以《龙马史》为契机重新阅读了龙马的这些信件，其中有的展现了龙马作为土佐人而特有的开放心态与率直性格，意义深远之处不在少数。

下面，我试着以自己的理解举出一例，即龙马于文久三年（1863）六月二十九日写给其姐乙女的信件中记载了同为土佐勤王党的同志且与龙马关系亲密的友人平井收二郎因触怒山内容堂而受命切腹一事，龙马写下了自己当

龙马史

时受到的心灵震动,以及对自己的初恋——平井收二郎的妹妹加尾的惦念等。从龙马的书信中可以隐约看到人们在幕末这一混乱迷茫的时代自由驰骋的姿态。然后,作者矶田道史以历史研究者的立场出发,进行了以下论述:

> ……每个人心中都有各自不同的龙马形象。然而,现在的龙马形象是不是过于受到小说的影响了呢?只有抱着虚心坦诚的心态去阅读一手史料,即龙马亲笔所写的书信,才能够接近真正的龙马形象,但我发现至今这种知识性的工作还做得太少。我认为,作为探究历史的方法,仔细阅读历史人物本人所写之物是第一位的。过去的人们强烈地意识到书信是可以留存于后世之物,……

龙马的亲笔书信不仅能够很好地展现他的人物特点,而且是可以让我们回溯历史的所谓时代的证言。珍惜地阅读这样宝贵的史料,或许就是矶田道史所说的学习历史的起点吧。

编纂了《坂本龙马全集》(光风社书店)的作家宫地佐一郎曾在其著作《长宗我部元亲》(学阳书房)中写道,"如果"历史上继承了元亲之位的盛亲得到命运的眷顾,长宗我部氏直到幕末时期依然作为君主统治着土佐国的话,"幕末的土佐国无疑会拥护着藩主长宗我部氏,立足于自战国时代起经元亲之手传播的南海朱子学(南学),打出天皇亲政、一君万民的旗号,团结一致,与萨摩、长州携手合作,为倒幕乃至维新政府的成立挺身而出、四处奔走"。

然而,现实中的历史是残酷的,幕末时期的土佐实际上失去了以坂本龙马为代表,包括中冈慎太郎、武市半平太等人在内的众多优秀青年。

人名索引

秋月悌次郎 122

笃姬 80

阿部正弘 45

井伊直弼 49，78

井口新右卫门 162

石田三成 91

板仓胜静 130，141~143

伊东甲子太郎 117

伊藤俊辅（博文） 80

井上闻多（馨） 80

今井信夫

今井信郎 161，163~167，169~174，179

今井幸彦 164，172，173

岩仓具视 21，86，88，90~92，96

岩崎弥太郎 80，115，118，119

上杉鹰山 124

浦上玉堂 57

江川太郎左卫门（英龙） 45

榎本武扬 64

大石团藏 53

大泉庄客 177~179

大久保一藏（利通） 122

大久保忠宽（一翁） 58

大隈重信 7

大坪草二郎 174

大山弥助（严）

冈本健三郎 160，161

加代 157

小栗忠顺（上野介） 63

织田信长 31

登势 154

人名索引

春猪 18

阿龙 14，21，95，188

和宫 85，86

胜海舟（麟太郎） 6，7，8，9，21，23，47，60，61，62，63，69，70，86，97，99，183

桂小五郎（木户孝允）9，10，11，21，22，40，51，89，90，91，92，93

桂隼（早）之助 160，163，164，167

神山郡廉 146

川路圣谟 45

河田小龙 44，47，48，54，60，100，187

菊地明 107，146

清河八郎 149

久坂玄瑞 9，51～53，55，188

汤玛士·布雷克·哥拉巴 79

幸德秋水 145

孝明天皇 49，85，176，188

五代才助（友厚） 75

后藤象二郎 17，18，22，23，54，72～75，100，102～105，115～118，130，145，153，179，189

小松带刀 69，79，100，130

近藤勇 108，109，117

近藤长次郎 47，79

西园寺公望 176

西乡吉之助（隆盛） 7，15，16，17，20，21，63，69，71，82，87，88，89，90，91，93，100，121，122，125，128，130，146，178，183

斋藤弥九郎 40

榊原健吉

坂崎紫澜 97，181

坂本乙女 4，9，15

坂本兼助直海

坂本权平 12，18

坂本直（高松太郎） 167

坂本八兵卫守之

· 199 ·

龙马史

坂本八郎兵卫直益
樱井大三郎 163
佐佐木源八 175
佐佐木高行 20,101
佐佐木只三郎 149,151,155,162~164,167,170,174,175,178,180,181
萨道义 79,81,82
佐藤与之助 62
泽村惣之丞 54~56,188
三条实美 50,91
柴田澄雄 171
司马辽太郎 24,92,107
涉井太室 56
岛田小作 161,162
岛津齐彬 16,126
白石正一郎 55
神保内藏助 155
神保修理 155
须藤加贺守 27
世良敏郎 169
相马主计 109
高崎正风 122

高杉晋作 7,14,51,64,80,94,95
高野长英 70
高桥安次郎 163
高山彦九郎 49
武市半平太 17,38,41,50~55,57,73,115,188,194,197
田中清玄 123
田中玄宰 123,124
田中光显 117,158,166~168,181
谷干城 108,109,168,172
千叶定吉 8,36,40,187
千叶佐那 8
千叶周作 36,40
辻将曹 130
手代木直右卫门胜任 122,174,175,194
手代木良策
出渊传之丞 134
寺村左膳 100
土肥仲藏 163

· 200 ·

人名索引

东乡平八郎 93

德川家定 81

德川家光 59

德川家茂 61，73，89

德川家康 53，59，91，193

德川齐昭 45，47

德川庆喜（一桥庆喜） 21，23，95，102，103，104，129，131，132，133，134，137，140，141，142，143，148，149，151，172，178，183

德川吉宗 123

丰臣秀吉 31，67，91，149

丰永左兵卫 27

寅吉 155

永井玄蕃（尚志） 23，117，118，141，142，143，144，145，146，147，148，149，151，152，153，167，170，184

中居屋重兵卫 78，79

中江兆民 145

长冈谦吉 47

中冈慎太郎 58，89~91，100，101，108，109，117，150，160，162，166，168，189，194，197

中川宫朝彦亲王（久迩宫朝彦亲王） 121

中根雪江 144，154

中滨万次郎 44，47，52

中村半次郎 129，147

那须信吾 53

二条齐敬 130

巴夏礼 82

林谦三（安保清康） 23，24，130，137，138，146，149

原田左之助 108，109

东久迩宫稔彦亲王 122

土方岁三 42

平井加尾 9，54

平井收二郎 56，195，196

弘光左门 55

福冈孝弟 100，130，146，

156~158

福岛正则 91

藤田东湖 16，45，47

藤本铁石 57

古屋佐久左卫门 172

古屋昔阳 123

佩里 4，16，40，43，45，46，59，77，187

保科正之 141

细川重贤 124

真木和泉 51

牧野伸显 128

增次郎 159

松平容保 108，141，155，174~177，179，181，182

松平定信 125

松平春岳（庆永） 6，58，61，62，86，131，132，142，170，183

真边荣三郎 100

三浦久太郎（安） 113

三冈八郎（由利公正） 131，132，133，134，135，136，143，184

三岛由纪夫 143

克劳德-埃德内·米涅 83

峰吉 159~163，166

宫川助五郎 150，154，159

宫地宜藏 55

宫地佐一郎 4，11，20，196

宫地彦三郎 158，159

三吉慎藏 10，19，95

陆奥阳之助（宗光） 112，113

村田藏六（大村益次郎） 89

村田巳三郎（氏寿） 132

明治天皇 156，166，181

毛泽东 77

桃井春藏 40，51

森有礼 127

安冈嘉助 53

山内一丰 28，180，191

山内容堂 47，52~54，61，69，97，101，115，195

山田藤吉 160，194

山村龙也 107

人名索引

横井小楠 58，86，98～100，188

横仓甚五郎 109

吉田健三 79

吉田茂 79，191

吉田松阴 2，49，50

吉田东洋 47，52～55，57，73

吉村虎太郎 55

莱昂·罗什 63

渡边笃 159，163～167，169～171，174，175

渡边华山

渡边吉太郎 163，164，167

图书在版编目(CIP)数据

龙马史 / (日) 矶田道史著; 沈艺译 . -- 北京:
社会科学文献出版社, 2019.9
　ISBN 978-7-5201-4500-8

Ⅰ.①龙… Ⅱ.①矶… ②沈… Ⅲ.①明治维新(1868) - 历史　Ⅳ.①K313.41

中国版本图书馆 CIP 数据核字(2019)第 060132 号

龙马史

著　　者 / [日] 矶田道史
译　　者 / 沈　艺

出 版 人 / 谢寿光
责任编辑 / 张金勇　徐一彤
文稿编辑 / 徐一彤

出　　版 / 社会科学文献出版社·甲骨文工作室(分社)
　　　　　(010)59366527
　　　　　地址:北京市北三环中路甲 29 号院华龙大厦　邮编:100029
　　　　　网址:www.ssap.com.cn
发　　行 / 市场营销中心(010)59367081　59367083
印　　装 / 三河市东方印刷有限公司

规　　格 / 开　本:889mm×1194mm　1/32
　　　　　印　张:6.625　字　数:120 千字
版　　次 / 2019 年 9 月第 1 版　2019 年 9 月第 1 次印刷
书　　号 / ISBN 978-7-5201-4500-8
著作权合同
登 记 号 / 图字 01-2018-4977 号
定　　价 / 49.00 元

本书如有印装质量问题,请与读者服务中心(010-59367028)联系

版权所有 翻印必究